ISBN : 2203145145

Imprimé en France par Pollina - n° L89003-A. Dépôt légal avril 2003 ; D2003/0053/121.
Déposé au ministère de la Justice (loi n° 49.956 du 16 juillet 1949 sur les publications destinées à la jeunesse).

Frédéric Lisak • Jean-Claude Pertuzé

Activités •nature•

pour les 5-8 ans

casterman

Table des matières

CHAPITRE 4 : Expérimenter pour apprendre

CHAPITRE 5 : Protéger pour être acteur

CHAPITRE 6 : La nature boîte à malice

Introduction

À qui s'adresse ce livre?

À toutes les personnes désirant faire découvrir la nature à de jeunes enfants, parents, animateurs, enseignants, en les guidant dans leurs découvertes à travers des jeux et des activités.

C'est quoi, la nature?

À la différence de «l'environnement» (qui désigne tout ce qui nous entoure), cela ne concerne que les éléments... naturels : plantes, animaux, minéraux pris séparément, bien sûr, mais aussi reliefs, climats, milieux, et les relations entre tous ces éléments.

Et nous dans tout ça?

Oui, diront certains, l'espèce humaine fait partie de la nature, au sens biologique du terme.
Non, diront d'autres, nous n'en sommes pas, au sens culturel du terme.
Vaste sujet qui n'est pas l'objet de cet ouvrage. Mais plus simplement, nous dirons que nous partons de la certitude que nous avons besoin d'un contact avec cette nature, besoin viscéral, besoin intellectuel. Et que nous avons aussi besoin de nous sentir bien sur notre planète...

Des activités nature, pour quoi faire?

Parce que cette nature ne se découvre pas dans les livres, c'est à travers des jeux, des expériences, des bricolages que l'on partira le plus facilement à sa rencontre, que l'on aura envie de la rencontrer, que l'on sera en «contact» avec le terrain en observant, en touchant, en récoltant.
Parce que, également, c'est en entrant directement en contact avec cette nature qu'on la découvre dans sa complexité, au delà des idées reçues, dans un sens ou dans un autre (la nature n'est ni méchante ni aimable...).

Et c'est seulement pour les petits?

Le choix de la tranche d'âge à laquelle s'adresse les activités proposées dans cet ouvrage n'est pas un choix d'ostracisme... Seulement selon les âges, les approches pédagogiques ne sont pas les mêmes, et cela est bien sûr valable pour l'éducation à l'environnement (car c'est cela que l'on fait avec ces activités, mais oui !).
Ainsi, sans que cela soit aussi tranché, on peut dire qu'avec les jeunes enfants, il convient de privilégier les approches sensorielles et ludiques, d'où la grande part qui leur est faite dans ce livre.
Pour les plus grands (au-delà de 8 ou 9 ans), une approche plus autonome, plus active serait mieux adaptée.

Qui est l'auteur?

Frédéric Lisak est né en 1966. Déjà tout petit, il fréquentait des clubs nature... Après des études scientifiques (de vétérinaire...), il s'est orienté vers le journalisme, en se spécialisant dans la presse jeunesse. Créateur d'une maison d'édition pour enfants consacré à l'univers du jardin et de la botanique (Plume de carotte), il continue aujourd'hui de cultiver son jardin...

Qui est l'illustrateur?

Jean-Claude Pertuzé est diplômé de l'école des Beaux-Arts de Toulouse. Dessinateur de presse, il collabore régulièrement avec l'auteur et publie également des bandes dessinées liées aux contes et légendes du Sud-Ouest.

Mode d'emploi du livre

Une activité est proposée sur chaque page, ou chaque double page.

Le plan du livre est construit selon une logique pédagogique de progression dans l'approche de la nature : on commence par jouer pour se sensibiliser aux éléments naturels et aux milieux, puis l'on mène des petits enquêtes pour appréhender des systèmes, on continue en réalisant des expériences et des bricolages pour bien ancrer les connaissances, et enfin, on protège en agissant (ce chapitre étant court, au vu de la tranche d'âge concerné par cet ouvrage).
Enfin, un dernier chapitre un peu particulier présente une série de petits jeux – activités simples à réaliser avec des éléments naturels.

Le temps indiqué distingue, quand cela est nécessaire, celui de la préparation et celui de l'activité proprement dite. Certaines activités sont très courtes, d'autres s'étalent sur plusieurs mois (en séances courtes, rassurez-vous...).

Le matériel : pour certaines activités, essentiellement sensorielles, il y en a très peu. D'autres en nécessitent d'avantage... ne serait-ce que les éléments naturels concernés !

Le nombre d'enfants indiqué est un critère important à respecter pour la bonne réalisation des activités. Si beaucoup peuvent se dérouler avec un enfant seul, d'autres nécessitent un petit groupe pour vivre leur dynamique, tout en restant dans des proportions qui permettent une réelle participation de chacun.

Le lieu : certes, la nature est partout... Mais selon les activités, certains milieux vous offriront plus facilement que d'autres le matériel ou le contact dont vous aurez besoin.

La saison : eh oui, c'est la nature qui dicte sa loi. Et ce n'est ni une télévision ni un zoo, même si elle nous offre certains éléments, paysages, minéraux, arbres... tout au long de l'année.

Le titre est parfois un peu farfelu, histoire d'attirer l'attention de l'enfant en l'intriguant, ou en le faisant rire.

L'emploi du « vous » dans les textes : mais oui, c'est à vous, adulte, que s'adresse non pas ces activités (bien que…) mais ces consignes. Parce que vous allez organiser ces activités, parce que vous allez guider les enfants… en essayant le plus possible d'être un « accompagnateur » plus qu'un « directeur ».

L'âge indiqué est un minimum. Bien des activités décrites dans cet ouvrage peuvent être proposées avec succès à des adultes, pour peu que ceux-ci se prêtent au jeu…

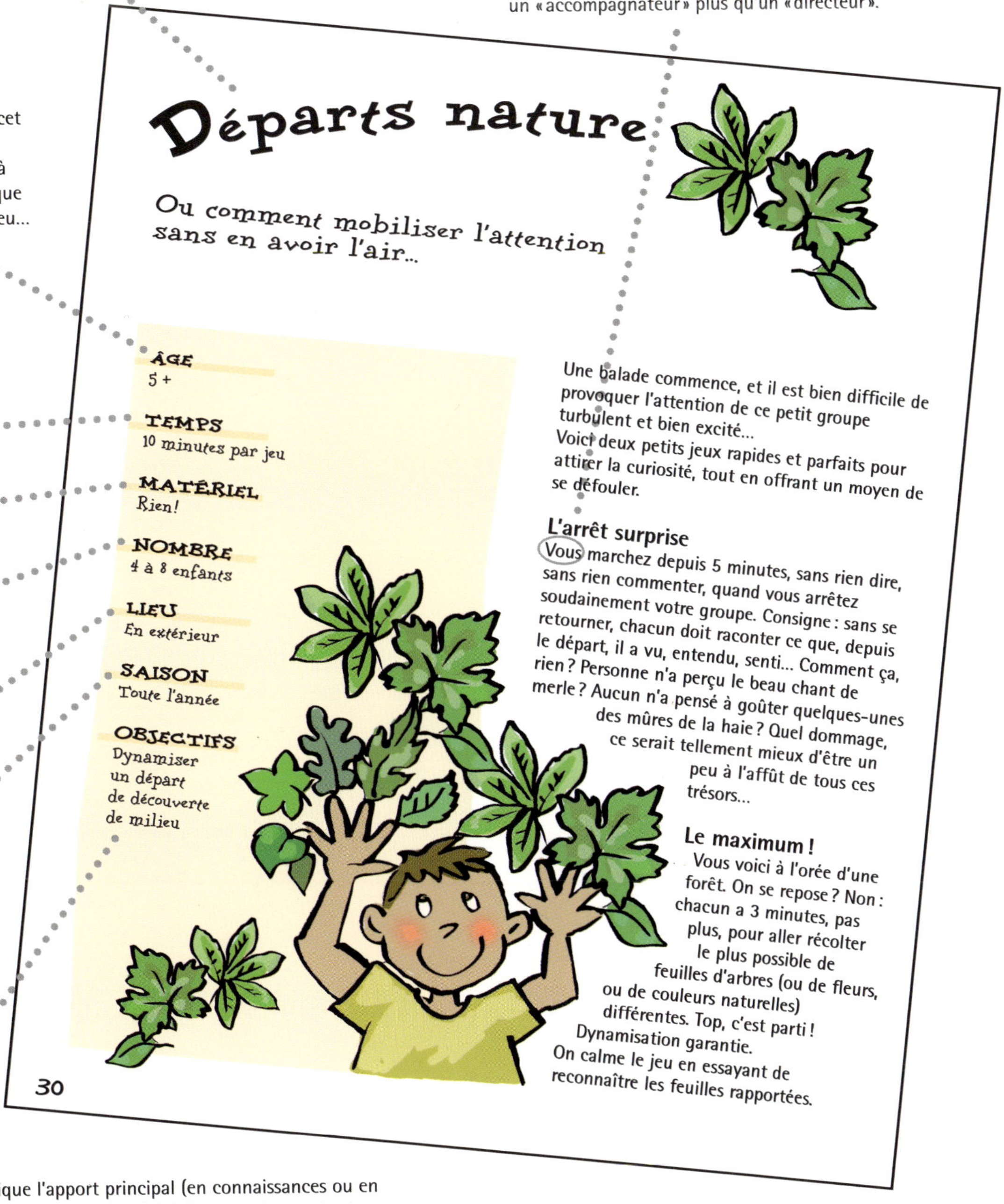

Départs nature

Ou comment mobiliser l'attention sans en avoir l'air…

ÂGE
5 +

TEMPS
10 minutes par jeu

MATÉRIEL
Rien !

NOMBRE
4 à 8 enfants

LIEU
En extérieur

SAISON
Toute l'année

OBJECTIFS
Dynamiser un départ de découverte de milieu

Une balade commence, et il est bien difficile de provoquer l'attention de ce petit groupe turbulent et bien excité…
Voici deux petits jeux rapides et parfaits pour attirer la curiosité, tout en offrant un moyen de se défouler.

L'arrêt surprise
Vous marchez depuis 5 minutes, sans rien dire, sans rien commenter, quand vous arrêtez soudainement votre groupe. Consigne : sans se retourner, chacun doit raconter ce que, depuis le départ, il a vu, entendu, senti… Comment ça, rien ? Personne n'a perçu le beau chant de merle ? Aucun n'a pensé à goûter quelques-unes des mûres de la haie ? Quel dommage, ce serait tellement mieux d'être un peu à l'affût de tous ces trésors…

Le maximum !
Vous voici à l'orée d'une forêt. On se repose ? Non : chacun a 3 minutes, pas plus, pour aller récolter le plus possible de feuilles d'arbres (ou de fleurs, ou de couleurs naturelles) différentes. Top, c'est parti ! Dynamisation garantie.
On calme le jeu en essayant de reconnaître les feuilles rapportées.

30

L'objectif vous indique l'apport principal (en connaissances ou en démarche) que peut vous apporter l'activité. Important pour tout « animateur » : posé au départ, il permet de « vérifier » une fois l'activité réalisée que l'on n'est pas passé à côté de son but…

CHAPITRE 1

À l'école buissonnière de la nature

« Pourquoi il est si grand, cet arbre ? Et où il est, le renard ? Est-ce que ça se mange, ça ? Quand va-t-on à la campagne ? Et pourquoi la fleur est bleue ?... » Parce qu'il est vivant, riche et varié, notre environnement est un formidable terrain de découvertes, offrant à nos petits un lieu d'éveil de leur curiosité et de leur sensibilité.

Oui, mais nous, parents, comment les guider dans cet émerveillement, dans cet apprentissage de la vie ?

L'étonnement, source de découvertes

Un petit pissenlit perdu au milieu d'une prairie... L'hiver, il se fait tout discret, caché au ras du sol ; quand il est jeune, on s'allonge près de lui pour observer et même goûter ses feuilles un peu amères ; en fleur, il offre une tige creuse dont on peut tirer des sons graves et amusants ; en graine, il envoie sa descendance aux quatre coins du champ, prétexte à inventer une histoire magique pour chacune de ces petites graines virevoltantes...
Voilà, autour de ce pissenlit, vous faites de l'éducation à l'environnement avec votre enfant. Car, au-delà des grands mots, l'éveil à la nature et à l'environnement n'a pas forcément à faire passer des notions et des concepts scientifiques, à plus forte raison avec des tout petits. Cela passe beaucoup plus par un apprentissage de l'étonnement, de l'envie de découvrir.

C'est quoi l'environnement

Lié souvent, à tort, à une idée de protection, ce mot désigne tout simplement tout ce qui nous entoure. L'eau, les espèces, les milieux naturels, les paysages, mais aussi l'architecture, le bruit, les déchets et... les êtres humains, avec leur cortège d'influences et d'aménagements. Découvrir l'environnement, c'est donc partir à la rencontre de notre lieu de vie, avec toutes ses composantes...

Un contexte ludique avec un brin de merveilleux...

Vive les non-spécialistes !

Pas de complexe à avoir, donc : pour former votre petit « curieux de nature », nul besoin d'être un spécialiste en ornithologie, batrachologie ou herpéthologie ! « Moi, je n'y connais rien… » Et alors ? Votre enfant vient de trouver une feuille de chêne avec une curieuse boule ronde accrochée dessus ? Sans savoir qu'il s'agit d'une excroissance végétale provoquée par une larve d'insecte vivant à l'intérieur, vous pouvez la toucher, la presser, l'ouvrir pour connaître ce qu'elle cache, chercher d'où elle vient, regarder s'il y en a d'autres sur le chêne… et émettre des hypothèses, ou même raconter une histoire. Et tant pis si celle-ci n'est pas complètement « scientifique », vous trouverez l'explication plus tard dans un ouvrage, pour votre gouverne personnelle ! Car il s'agit moins de montrer que de partager, moins de faire apprendre que de donner les moyens à votre enfant de ses découvertes.

La vie est partout

Bon, alors allons-y. Et justement, cela tombe bien, voici revenue l'époque des vacances. « On va enfin avoir les moyens de faire découvrir à notre petit bonhomme les fleurs et les oiseaux des champs, les coquillages et le sable fin. Il était temps : dans notre cité, entre la grisaille et le béton, il n'avait pas franchement de quoi s'épanouir... »
Erreur ? Peut-être pas, mais excès certainement. Nul besoin d'aller au fin fond d'une vallée pyrénéenne ou dans un archipel isolé pour éveiller le goût de la recherche chez votre enfant. La vie existe tout autour de nous.
La petite araignée blottie dans son coin de plafond, les géraniums qui poussent dans le bac sur le balcon, la pluie qui tombe et construit une mini-rivière le long du trottoir, l'œuf qui va servir à l'omelette... En découvrant son univers quotidien à travers des petits détails amusants ou insolites, l'enfant apprend à lui trouver des richesses cachées qui le rendent attrayant et digne d'intérêt, il apprend tout simplement à se l'approprier. Et surtout, son lieu de vie ne sera alors pas nié comme un « mal » face au « bien » de la campagne ou de la montagne.

Partager plus que montrer,
jouer avec lui plus que le faire jouer...

L'éveil des sens

Sentir l'herbe sous ses pieds, dire bonjour au soleil, se frotter contre un arbre pour s'en faire son ami, fermer les yeux pour capter le bruit du vent...

À partir de là, toutes les explorations deviennent possibles. La prise de conscience de son environnement passe d'abord par les sens, par tous les sens. À vous de savoir guider la curiosité de votre enfant pour qu'il hume la terre mouillée plutôt qu'il ne la sente, pour qu'il déguste une mûre au lieu de la manger, pour qu'il saisisse le galet lisse d'une rivière sans seulement le prendre, pour qu'il écoute le chant d'un oiseau après l'avoir entendu, pour qu'il regarde une couleur plutôt qu'il ne la voie.
Le ton peut être donné à tout moment, sur le chemin de l'école ou lors d'un dimanche à la campagne, pour peu que vous commenciez à fixer son attention, en faisant remarquer des petites choses, en inventant le jeu du peintre de la ville qui cherche ses couleurs dans le paysage qui l'entoure, ou en lançant l'histoire de La Petite Ourse qui ne voulait pas rester seule dans la nuit profonde. Et puis n'ayons pas trop l'inquiétude d'une panne d'imagination : il y a aussi toute la curiosité naturelle des petits, qui fait qu'ils n'oublieront pas de nous interroger sur le lézard se dorant au soleil sur un mur, alors que nous ne l'avions même pas aperçu... Il ne reste alors plus qu'à saisir l'occasion pour aiguiser sa curiosité.

Touche pas ça, c'est sale !

Sale, cette rivière boueuse ? Elle peut être pourtant mille fois plus riche écologiquement, avec ses alluvions et ses sels minéraux, qu'un cours d'eau rendu limpide par des produits chimiques invisibles... La nature, avec ses marais ou ses feuilles mortes glissantes, n'est pas « propre » au sens où nous l'entendons habituellement. Ce serait dommage d'en faire pour autant une ennemie de nos enfants...

Construire des connaissances

Tous ces outils sensoriels, bien sûr, ne sont pas un but en soi. Ils vont permettre à votre enfant, de façon beaucoup plus large, d'appréhender son univers et d'en saisir peu à peu sa construction. Bientôt, il y aura un oiseau, certes, mais qui chante, perché toujours sur la même antenne de télévision, et seulement les soirs où il ne pleut pas. De même, il n'y aura plus seulement sa maison, mais celle-ci dans la rue bordée d'arbres dont le troisième a une drôle de branche, celui juste en face de la boulangerie construite en briques anciennes…

Dans des boîtes en carton, les cailloux et les coquillages vont s'accumuler comme autant de trésors. À l'automne, les fruits sauvages seront récoltés. Et même si c'est pour faire des confitures, la démarche, plus ou moins consciente, sera celle de l'inventaire, de la classification, de la découverte de la richesse et de la diversité. Derrière le petit curieux de nature se profilera déjà le scientifique en herbe, qui prend ses repères et expérimente.

Ne plus être envahi par le monde mais littéralement environné…

Quelques petites recettes

- Sachez créer une ambiance, par de l'insolite, un peu de magie.
- Acceptez l'idée que votre enfant va «papillonner», que c'est peut-être lui qui va vous guider.
- Utilisez les analogies: le bébé-arbre, la graine qui dort tout l'hiver…
- 10 minutes. C'est le temps maximum d'attention que vous pouvez espérer sur un sujet avec des enfants de moins de 6 ans.

Devenir acteur

Et puis cet environnement, en se familiarisant, va aussi devenir un véritable terrain d'aventures, où l'on peut courir et grimper dans les arbres, patauger dans la boue et s'allonger dans l'herbe. Pour peu que vous acceptiez l'idée que votre chérubin rentre de balade, tout crotté, il va passer du rôle de spectateur du monde à celui, combien plus riche, d'acteur de son environnement. Le voici qui plante des graines et suit leur germination, ou qui s'occupe journellement de son lapin nain. Le voilà participant à la séparation des déchets quotidiens de la maison en les classant dans quatre poubelles différentes, et découvrant les bienfaits du compost. Et pourquoi ne pas lui demander de réfléchir à l'aménagement de son quartier, en lui proposant de le construire tel qu'il le souhaiterait, à l'aide de modules de bois, ou encore de lancer une « opération mésanges » pour aider les oiseaux en hiver ?
Et déjà, derrière votre petit naturaliste en herbe, émergera le futur éco-citoyen...

CHAPITRE 2

Jouer pour découvrir

« Allez viens, on va découvrir la botanique. Et demain, on fera de l'herpétologie ! »

M'ouais... À moins d'avoir face à vous des futurs chercheurs au Muséum d'histoire naturelle, la conférence en plein air, même si elle a l'avantage de se faire sur le terrain, risque de mal passer...

La solution ? Elle est toute simple : jouer ! Jouer pour bouger, jouer pour parcourir, jouer pour rire, s'étonner, explorer. Jouer pour découvrir le monde...

Départs nature

Ou comment mobiliser l'attention sans en avoir l'air...

ÂGE
5 +

TEMPS
10 minutes par jeu

MATÉRIEL
Rien !

NOMBRE
4 à 8 enfants

LIEU
En extérieur

SAISON
Toute l'année

OBJECTIFS
Dynamiser un départ de découverte de milieu

Une balade commence, et il est bien difficile de provoquer l'attention de ce petit groupe turbulent et bien excité...
Voici deux petits jeux rapides et parfaits pour attirer la curiosité, tout en offrant un moyen de se défouler.

L'arrêt surprise

Vous marchez depuis 5 minutes, sans rien dire, sans rien commenter, quand vous arrêtez soudainement votre groupe. Consigne : sans se retourner, chacun doit raconter ce que, depuis le départ, il a vu, entendu, senti... Comment ça, rien ? Personne n'a perçu le beau chant de merle ? Aucun n'a pensé à goûter quelques-unes des mûres de la haie ? Quel dommage, ce serait tellement mieux d'être un peu à l'affût de tous ces trésors...

Le maximum !

Vous voici à l'orée d'une forêt. On se repose ? Non : chacun a 3 minutes, pas plus, pour aller récolter le plus possible de feuilles d'arbres (ou de fleurs, ou de couleurs naturelles) différentes. Top, c'est parti ! Dynamisation garantie.
On calme le jeu en essayant de reconnaître les feuilles rapportées.

Cherchez l'intrus

Non, on ne trouve pas la même chose dans tous les coins de nature...

ÂGE
4 +

TEMPS
15 minutes de préparation,
20 minutes pour le jeu

MATÉRIEL
Rien!

NOMBRE
4 à 10 enfants

LIEU
En extérieur

SAISON
Toute l'année

OBJECTIFS
Développer le sens de l'observation

Le long d'une haie, dans un arbre, ou sur le bord d'un chemin, vous avez disposé un ou des intrus naturels : une pomme accrochée à une aubépine, un groupe d'aiguilles de pins à la branche d'un chêne, une pierre dans un nid abandonné, une feuille découpée en pointe...
Chaque participant part avec un décalage de 1 ou 2 minutes et doit faire le trajet indiqué. Rendez-vous un peu plus loin pour faire le point et désigner le ou les gagnants.
À prévoir : les enfants auront certainement trouvé des « intrus » naturels que vous n'aviez même pas remarqués !

VARIANTE
Une série d'objets naturels peuvent être déposés au sol sur un drap blanc, avec un intrus à découvrir parmi eux : une feuille composée au milieu de feuilles entières, un morceau de bois au milieu de roches...
Autre possibilité : tous les éléments disposés sur le drap proviennent d'un même milieu naturel (prairie, bois, haie), sauf un, à trouver.

La chasse aux sons

Un peu d'écoute, et voici l'invention de la cartographie sonore...

ÂGE
5 +

TEMPS
5 à 10 minutes

MATÉRIEL
- Des feuilles de papier et supports
- Des crayons

NOMBRE
4 à 8 enfants

LIEU
En extérieur

SAISON
Toute l'année (mais plutôt à la belle saison)

OBJECTIFS
Favoriser l'écoute, préparer d'autres approches sonores (chants d'oiseaux)

Chaque enfant, disposant d'une feuille de papier, d'un support rigide et d'un crayon, se choisit un coin dans un milieu naturel donné (une forêt, un bord de rivière, un champ, voire une place en ville).

La consigne est la même pour chacun : au milieu de la feuille, l'enfant indique sa position avec une croix. Ensuite, il doit marquer d'un signe tout son entendu autour de lui, en précisant la nature (sans écrire, on peut choisir des symboles différents), la direction et la distance approximative de chacun de ces sons.

L'écoute sera renforcée si la consigne indique d'avoir les yeux fermés, et l'oreille « tendue » (une main est placée en coupe derrière l'oreille pour amplifier).

À la fin, tous se retrouvent et confrontent leur carte des sons, cherchent les endroits les plus « bruyants », les plus « agréables »...

La « bataille » naturaliste

Quand les éléments naturels remplacent les cartes à jouer...

ÂGE
7 +

TEMPS
15 minutes de préparation,
15 à 20 minutes pour le jeu

MATÉRIEL
- Un grand drap
- Des objets naturels

NOMBRE
4 à 10 enfants

LIEU
En extérieur

SAISON
Toute l'année

OBJECTIFS
Observation et connaissance des éléments naturels

Ce jeu se joue en équipe.
Il commence par une recherche (d'une quinzaine de minutes), chaque équipe devant rassembler le plus possible d'éléments naturels différents dans un sac. Plus les éléments sont rares et/ou originaux, plus l'équipe aura des chances de gagner... Mais il faut aussi recueillir les plus courants, le but étant d'avoir la plus grande diversité d'éléments (en un seul exemplaire chacun) pour jouer.

La recherche terminée, les équipes (deux, mais cela peut se jouer à trois ou quatre joueurs) s'affrontent à la « bataille », comme dans le jeu de cartes du même nom : sur le drap, à tour de rôle, chaque équipe pose un objet. L'équipe adverse montre le même ? Alors il y a bataille. Et ceci jusqu'à ce que l'une des équipes marque un point en sortant de son sac un objet que l'autre ne possède pas.
Un autre tour de jeu reprend, ceci jusqu'à épuisement des « cartes » de l'une des équipes.

Le béret naturaliste

Un grand jeu classique revisité
à la sauce naturaliste

ÂGE
4 +

TEMPS
10 minutes de préparation,
20 à 30 minutes pour le jeu

MATÉRIEL
- Un grand drap
- Des objets naturels

NOMBRE
8 à 20 enfants

LIEU
En extérieur

SAISON
Printemps et été

OBJECTIFS
Sensibilisation et reconnaissance d'éléments naturels

De part et d'autre d'un point central, deux équipes, distantes d'une vingtaine de mètres, s'affrontent.
Sur le grand drap blanc placé au centre, vous avez disposé une dizaine d'objets naturels, une feuille de chêne, une pomme, un morceau d'écorce, une plume...
Dans chaque équipe, chaque participant s'est vu « attribuer » un de ces éléments. Les enfants attendent, une main dans le dos.
Le jeu commence. Vous appelez... la plume. Aussitôt, un enfant de chaque camp part vers le drap. Qui réussira à attraper le bon élément et à le ramener dans son camp sans se faire toucher par l'adversaire ? Un point !
En cas d'indécision, le meneur de jeu (vous) peut appeler d'autres joueurs en renfort.

Pour aller plus loin

Les objets naturels posés sur le drap peuvent avoir une thématique, « compliquant » l'identification : des feuilles de feuillus, des bourgeons, des fleurs jaunes...

Les deux font la paire

Une variante de la variante naturaliste du jeu du béret...

ÂGE
4 +

TEMPS
10 minutes de préparation,
20 à 30 minutes pour le jeu

MATÉRIEL
- Un grand drap
- Des objets naturels et leurs compléments

NOMBRE
8 à 20 enfants

LIEU
En extérieur

SAISON
Printemps et été

OBJECTIFS
Sensibilisation et reconnaissance d'éléments naturels

De part et d'autre d'un drap central, deux équipes. Sur le grand drap blanc, vous avez disposé une dizaine d'objets naturels, une pomme, un gland, une plume. À côté de vous, il y a des objets naturels « complémentaires » : une feuille du pommier, un rameau de chêne, une image de l'oiseau à qui appartient la plume...
Dans chaque équipe, chacun attend que vous désigniez l'objet naturel qui lui a été attribué. Vous annoncez ensuite par exemple... l'image de l'oiseau. Dans les deux équipes, chaque enfant qui « est » la plume, doit établir le lien qui le rattache à l'objet annoncé et tenter de rapporter la plume dans son camp.

Même variante que pour le jeu du béret : on peut compliquer en ne sélectionnant que des objets proches, feuilles, écorces, minéraux...

La chenille sensorielle

Les yeux bandés, pas très rassurés, partons découvrir le monde...

ÂGE
4 +

TEMPS
20 minutes de préparation,
10 à 15 minutes pour le jeu

MATÉRIEL
- Des bandeaux pour les yeux
- Une longue corde

NOMBRE
4 à 8 enfants

LIEU
En extérieur

SAISON
Toute l'année

OBJECTIFS
Établir le calme et la confiance, éveiller les sens

Vous voici au début d'une grande balade dans la nature, avec votre petit groupe. Ça s'agite, ça se chamaille, bref, ils ne sont pas très attentifs... Grâce à ce jeu, le calme va revenir, la « mise dans le bain » va se faire.

À l'arrivée sur un lieu, point de départ d'un petit circuit que vous avez repéré comme étant sûr (notamment pour la marche) et varié, vous demandez aux enfants de se mettre le bandeau sur les yeux, et de se tenir à la corde les uns derrière les autres, à la queue leu leu (à défaut de corde, les enfants peuvent se tenir en chenille, chacun posant une main sur l'épaule du précédant).

Racontez-leur ensuite que vous allez les conduire sur un parcours sans danger, le long duquel ils devront, dans le plus grand silence, écouter tous les bruits, sentir la moindre odeur, toucher bien des matières (des écorces, des feuilles, des fleurs).

VARIANTE
Plus long à organiser, mais plus « concentré » dans son contenu, voici la « chenille aux parfums », le jeu est le même que précédemment mais il se fait le long d'un petit circuit où vous avez disposé des plantes aromatiques en pots (lavande, romarin, géraniums odorants, sauge...), qui sont autant de lieux d'arrêt de la chenille pour toucher, sentir, froisser, deviner.

Avec des tout petits, vous pouvez également les faire entrer dans une histoire, en leur racontant que vous êtes à la porte d'un étrange royaume (celui de Sylvanie pour une forêt, ou de Campestra pour une prairie, par exemple), et qu'il faut, pour y être bien accueilli par tous ses habitants, y pénétrer avec le plus grand respect, avec la plus grande écoute.

Dans tous les cas, guidez-les en étant le premier de la chenille (yeux non bandés !), en leur parlant régulièrement, en les mettant en confiance.
Une fois le circuit terminé, demandez aux enfants d'enlever leur

bandeau et posez-vous avec eux en les laissant raconter leurs impressions. N'oubliez pas de refaire le circuit dans l'autre sens, yeux grands ouverts.

Le marché des odeurs

Quand «guide» et «aveugle» se font mutuellement découvrir les odeurs...

ÂGE
6 +

TEMPS
10 à 15 minutes, 2 fois

MATÉRIEL
Des bandeaux pour les yeux

NOMBRE
4 à 8 enfants

LIEU
Sur un marché ou dans une boutique

SAISON
Toute l'année

OBJECTIFS
Développer le sens de l'odorat, responsabilisation par rapport au rôle du guide

Pour ce jeu, il faut un nombre pair de participants.
Rendez-vous sur un marché de fruits et légumes. Les «couples» sont définis, chacun va jouer. L'un des deux pose un bandeau sur les yeux de l'autre et devient son guide parmi les étalages. Il lui demande de lui décrire tous les parfums et toutes les odeurs qu'il perçoit.
On s'apercevra bien vite que le compagnon "aveugle" en capte bien plus que le guide, tout simplement parce qu'il y fait plus attention.
Après quelques minutes, les deux participants inversent leur rôle, et le jeu reprend.

Vous pouvez aussi organiser ce jeu dans un magasin de fleurs, de fromages, d'épices, de chaussures... avec l'accord du commerçant, de préférence !

Le Mémory nature

Voici la feuille, voici la plume, voilà la fleur... Où sont les semblables?

ÂGE
6 +

TEMPS
10 minutes de préparation,
10 à 15 minutes pour le jeu

MATÉRIEL
- Des gobelets en plastique opaques
- Des objets naturels

NOMBRE
4 à 8 enfants

LIEU
En extérieur

SAISON
Toute l'année

OBJECTIFS
Développer le sens de l'observation et de la mémorisation

Vous avez récolté une quinzaine d'objets naturels différents en double exemplaire, que vous placez individuellement sous autant de gobelets disposés au sol.

Chaque enfant passe à son tour et soulève deux gobelets, les autres participants regardent attentivement. Quand l'un d'eux trouve une paire, il marque un point, et a le droit de rejouer. Si ce n'est pas une paire, il repose les gobelets à leur place exacte. Aux suivants, ensuite, de tâcher de se rappeler les emplacements des éléments naturels sous les gobelets.

VARIANTES
Une dizaine d'objets naturels se trouvent sous un drap. Vous le soulevez une minute, pendant laquelle les enfants les observent attentivement. Ils ont ensuite cinq minutes pour en chercher d'identiques dans les environs immédiats.

Photographies au naturel

Oui, il faut parfois se laisser « impressionner »...

ÂGE
6 +

TEMPS
10 minutes, deux fois

MATÉRIEL
Rien !

NOMBRE
2 enfants (ou tout multiple de 2, jusqu'à 8)

LIEU
En extérieur

SAISON
Toute l'année

OBJECTIFS
Développer le sens de l'observation, approche esthétique

Ce jeu se joue par deux, chacun étant à tour de rôle « appareil photo » et « photographe ». Dans un espace naturel donné, le photographe doit d'abord partir seul chercher deux ou trois vues (générales ou de détails) qu'il aimerait prendre en photo.
Quand il a trouvé, il vient chercher son « appareil photo » et l'emmène, yeux cachés par ses mains, vers le lieu des prises de vue. Devant chacune, il place bien son « appareil », et ouvre à chaque fois ses mains durant deux ou trois secondes, pas plus.
Une fois les « photos prises », le photographe ramène son « appareil » au point de départ, puis il lui demande de décrire ce qu'il a capté : des éléments d'un paysage, la forme d'une feuille en gros plan...
« L'appareil » est ensuite amené normalement devant les « vues », pour se confronter avec ses impressions.
Puis on recommence, en inversant les rôles.

La toile de la vie

Quand les relations complexes d'un écosystème ne tiennent qu'à des bouts de ficelle...

ÂGE
6 +

TEMPS
10 minutes de préparation,
15 à 30 minutes pour le jeu

MATÉRIEL
- De la ficelle
- Des badges
- Des petits panneaux (feuilles de carton)
- Des pinces à linge

NOMBRE
4 à 8 enfants

LIEU
En extérieur

SAISON
Toute l'année

OBJECTIFS
Faire prendre conscience des liens entre les éléments naturels

Chaque enfant est un élément naturel (choisi ou attribué), végétal, animal herbivore, animal prédateur.
Chaque enfant a deux ficelles de 2 mètres. Un badge épinglé sur son vêtement identifie quel élément il est.

Sur un arbre, des panneaux désignent l'air, le sol, la lumière, l'eau. Des pinces à linge y sont accrochées pour que l'on puisse y pendre un morceau de sa ficelle.

Le jeu commence. « Moi, je suis le mulot, alors je vais m'accrocher à toi, qui est la noisette, et aussi à toi, le brin d'herbe. Et toi, qui es-tu ? La chouette ? Alors oui, alors tu peux t'accrocher à moi... »
Les enfants se relient les uns aux autres, choisissent un des éléments accrochés à l'arbre, la grande toile de la vie se tisse, se croise, se mêle, se recompose...

Parfums cachés

Qui reconnaîtra les plantes cachées à leur odeur?

ÂGE
4 +

TEMPS
1H de préparation,
20 minutes pour le jeu

MATÉRIEL
- 8 plantes du jardin (aromates, fleurs ou légumes) aux parfums très différents
- 8 pots de yaourt opaques
- Des morceaux de tissu fin (gaze ou étamine)

NOMBRE
4 à 8 enfants

LIEU
Au jardin ou en intérieur

SAISON
Printemps et été

OBJECTIFS
Développer le sens de l'odorat, reconnaître les plantes

1 Récoltez au jardin la valeur d'une bonne poignée de chaque plante parfumée, en faisant attention de ne pas les mélanger.

2 Disposez-les bien à plat sur un plateau et faites-les sécher, au soleil ou très doucement au four. Pour faciliter le séchage, enlevez les parties vertes (tiges, feuilles...) ou très charnues.

IDÉES DE PLANTES
- Pour le printemps: violette, menthe, thym, verveine citronnée, romarin, muguet, herbe coupée, lilas, thuya, primevère, terre, rose, jonquille, jacinthe...
- Pour l'été: menthe, thym, romarin, thuya, rose, chèvrefeuille, alysse, lavande, ail, ciboulette, sauge, persil, fraise...

3 Lavez les pots et enlevez les étiquettes. Placez dans chacun d'eux une des 8 plantes sèches.

4 Découpez des pièces rondes dans le tissu très fin pour recouvrir chaque pot, et maintenez-les par un élastique.

5 Collez sur le fond de chaque pot une étiquette adhésive avec le nom de la plante qu'il contient.

6 Le jeu commence... Faites sentir à chaque enfant les pots et indiquez-leur de quelle plante il s'agit.
Puis mélangez bien les pots, et faites-les à nouveau sentir un à un aux joueurs, en leur demandant de retenir le parfum qu'ils ont reconnu.

7 C'est le moment des résultats : comptez un point par parfum bien identifié... et ouvrez les pots pour bien vérifier !

VARIANTE
Vous pouvez mettre en place le même jeu avec les parfums de la cuisine, en vous servant des épices (intéressant notamment pour l'hiver, saison quasi « morte » pour les parfums naturels).

Kims multiples

Les yeux bandés, les autres sens se découvrent et se mobilisent...

ÂGE
4 +

TEMPS
10 à 30 minutes de préparation selon les jeux, idem pour les jeux

MATÉRIEL
- Des petits objets naturels
- Des matières minérales, sable, terre, gravier...
- Un bandeau pour chaque enfant

NOMBRE
4 à 8 enfants

LIEU
En extérieur

SAISON
Toute l'année (mais plutôt à la belle saison)

OBJECTIFS
Développer les autres sens que la vue (essentiellement ouïe et toucher)

Il n'y a pas que le parfum des plantes avec lequel on peut jouer au jeu du « qui suis-je » ? Tous les joueurs ayant les yeux bandés, on peut leur demander de deviner :

- quels sont ces petits objets végétaux qu'on leur fait toucher
- quelles sont ces matières minérales qu'ils foulent pieds nus (sable, gravier, ardoise...)
- quels éléments font ce bruit quand on les frappe ou provoquent ce son quand on les utilise (une tige de pissenlit, une herbe, une feuille de robinier, une brindille qui craque...)

À la fin de cette série de jeux, les bandeaux sont enlevés : tous les objets et les matières sont disposés là au sol, il s'agit pour chacun de les retrouver.

Voyage au pays des lutins

Des lutins viennent d'arriver dans le coin, (ce peut être votre jardin, un champ ou une vallée où vous êtes en balade) et ils veulent s'y installer. Pour cela, ils doivent repérer toutes les richesses de l'endroit.
Ils vous ont demandé de les aider avec vos enfants!

ÂGE
3 +

TEMPS
10 à 20 minutes

MATÉRIEL
Rien!

NOMBRE
1 à 4 enfants

LIEU
Tout coin de nature un peu calme

SAISON
Toute l'année

OBJECTIFS
Observer les éléments naturels en changeant d'échelle

Exploration à quatre pattes

Les lutins ne sont pas bien grands, et pour eux, les hautes herbes d'une prairie ou les plants de légumes sont une véritable jungle. Pour bien les aider, il faut donc d'abord se mettre à leur place...

Délimitez un mini parcours (quelques mètres suffisent), à la fois dégagé et sinueux. Demandez aux enfants de se mettre à 4 pattes, et d'avancer lentement en décrivant tout ce qu'ils voient au ras du sol, plantes, animaux, « obstacles » naturels, variations de la nature du sol. Des détails minuscules se révèlent, un chemin de fourmis, une touffe d'herbes tendres, la veine pâle d'une feuille, un caillou sombre, une petite fleur blanche...

Le jeu peut être recommencé à plusieurs endroits différents, pour déceler différents « milieux naturels ».

VARIANTE

LA MONTAGNE IMMENSE

Quoi de mieux qu'une grande montagne pour avoir une vue d'ensemble sur un nouveau pays? Oui, mais encore faut-il pouvoir grimper tout là-haut. Difficile pour des petits lutins...

Après avoir repéré un rocher d'un mètre de hauteur environ, bandez les yeux des enfants et amenez-les devant ce rocher. Demandez-leur alors de le parcourir du bout des doigts, de bas en haut, comme s'ils l'escaladaient avec des pieds minuscules.
Ils peuvent décrire les aspérités qu'ils rencontrent, la douceur d'un brin de mousse, le froid de la pierre...

ÂGE
3 +

TEMPS
10 à 20 minutes

MATÉRIEL
Des bandeaux pour les yeux

NOMBRE
1 à 8 enfants

LIEU
Au verger ou dans un parc

SAISON
Toute l'année

OBJECTIFS
« Apprivoiser »
le contact avec la nature

Des amis tout autour

Pour bien vivre ici, les lutins, qui savent parler aux plantes et aux animaux, doivent s'en faire des alliés. Et notamment chacun d'eux doit trouver quel arbre sera son ami particulier.

Dans un parc ou un verger, bandez les yeux d'un enfant, et amenez-le devant un arbre choisi. Demandez-lui de le toucher, de décrire son écorce, de le sentir, de l'enserrer, et même, pourquoi pas, de lui donner un nom.

Un endroit de nature un peu sombre? Les lutins n'ont pas peur du noir! Pour l'apprivoiser, ils ferment les yeux quelques minutes et écoutent les doux bruits de la nature: un chant d'oiseau, le vent qui souffle, un ruisseau qui glougloute... Ils se racontent entre eux tout ce qu'ils ont entendu, toutes les histoires qu'ils ont imaginées. Et ils vont ensuite voir tout cela.

Retour un peu plus loin, au milieu du parc ou du verger. On enlève le bandeau, et l'enfant doit retrouver « son » arbre en regardant autour de lui, avec tout ce qu'il a appris sur lui quand il avait les yeux bandés.
Ça y est : maintenant, il le connaît parfaitement.

Ce jeu peut se jouer en petit groupe, chaque enfant s'appropriant « son » arbre. On peut alors amener chaque participant vers une espèce différente, et aborder ainsi la connaissance de leur diversité.

ÂGE
3 +

TEMPS
15 à 20 minutes

MATÉRIEL
- Des feuilles de carton
- Du scotch ou de la colle

NOMBRE
1 à 4 enfants

LIEU
Tout coin de balade nature

SAISON
Toute l'année

OBJECTIFS
Observer les éléments d'un coin de nature avec minutie

La palette du peintre

Il est maintenant temps de se construire des maisons, se disent les lutins. Mais pour que ces constructions soient discrètes et bien intégrées dans le paysage, il va falloir utiliser les couleurs et les matériaux présents ici même...

Chaque enfant doit donc partir à la recherche de petits morceaux de couleur à trouver dans l'endroit où vous êtes : le jaune d'un bouton d'or, le vert bleuté d'une feuille de saule, le gris d'une pierre... Tous ces éléments peuvent être ensuite déposés sur une grande feuille de papier blanc, et classés dans l'ordre des couleurs de l'arc-en-ciel.

Cette collecte peut être le point de départ d'un travail artistique, avec conception, à partir de ces « morceaux de couleur », de tableaux évoquant le coin de nature exploré.
On peut aussi, au fil des balades, créer une série de tableaux, chacun révélant les différences des milieux naturels visités.

VARIANTE
Le « classement » des morceaux de couleur collectés peut se faire selon le type de matériaux : végétal, animal, minéral.

Une odeur délicate ? Hum, il y a ici des feuilles de menthe. Cherchons bien : on trouvera certainement beaucoup d'autres plantes parfumées qui permettront aux lutins de fabriquer des tisanes, des parfums ou des médicaments...

POUR FINIR...
Et voilà. On croyait que ce coin de balade était un simple lieu de nature sans intérêt? Eh bien non, c'est beaucoup plus: un pays plein d'amis, de trésors et de couleurs. Un pays où les lutins aimeraient bien vivre...

ÂGE
3 +

TEMPS
20 à 30 minutes

MATÉRIEL
- Des feuilles de carton
- Du scotch
- Des ciseaux

NOMBRE
1 à 8 enfants

LIEU
Tout coin de balade nature

SAISON
Toute l'année, particulièrement en automne avec les feuilles mortes

OBJECTIFS
Observer dans le détail certains éléments naturels

Le spectacle naturel

Grande fête chez les lutins ! Pour annoncer joyeusement leur installation dans le pays, ils décident de faire un spectacle avec des diapositives-nature. Il faut donc bien vite les préparer...

Préparez avec les enfants des cadres de carton ajourés d'une dizaine de centimètres de côté, et doublez-les de façon à ce que l'on puisse coincer des éléments entre les deux morceaux (comme un grand cache de diapositive).
Demandez à chaque enfant de ramasser des éléments fins et avec une certaine transparence, comme des feuilles, des brins d'herbes, une plume... Ils doivent ensuite les coincer dans le cadre de carton, refermé et maintenu par du scotch.
Il ne reste plus qu'à les regarder par transparence, face au ciel, et à apprécier. Au programme : les nervures d'une feuille morte, les fibres d'une tige de graminée, la dentelure d'une graine, la finesse d'une plume...

« Lecture » de place

Ou comment « redécouvrir » un lieu que l'on croit parfaitement connaître...

ÂGE
7 +

TEMPS
1/2 H à 1 H

MATÉRIEL
- Des carnets ou des feuilles de papier
- Des crayons

NOMBRE
4 à 8 enfants

LIEU
En extérieur, sur un lieu bien délimité

SAISON
Toute l'année

OBJECTIFS
Guider le regard, découvrir collectivement

Vous voici en un lieu aux limites bien établies avec votre groupe, un jardin privé, un petit parc urbain, une place (attention à l'aspect sécurité...). Chaque enfant a un carnet, ou une feuille de papier avec un support rigide.

Vous allez confier à chacun (ou par binôme) une « mission », celle d'aller explorer ce lieu le plus précisément possible sur un thème donné : à l'un les arbres, à l'autre les fleurs, à d'autres encore les humains, les animaux, les couleurs, les ombres, les températures, les courants d'air... Chacun part donc pour 10 minutes avec pour consigne de noter très précisément, et très « froidement », tout ce qu'il va voir ou remarquer dans le lieu concernant son thème.

On se retrouve ensuite, et chacun raconte sa partie, avec les détails qu'il a repérés, les anecdotes, les faits. Toutes ces observations pointues, une fois énoncées, donnent une impression générale, dégagent des fonctions du lieu, des impressions générales... Bref, une analyse de l'espace étudié.

Le paysage se dessine

Devant vous, un beau point de vue.
En quelques coups de crayons, il devient paysage que l'on analyse...

ÂGE
6 +

TEMPS
15 à 20 minutes

MATÉRIEL
- Des carnets ou des feuilles de papier
- Des crayons

NOMBRE
4 à 8 enfants

LIEU
En extérieur, sur un lieu un peu en hauteur

SAISON
Toute l'année

OBJECTIFS
Guider le regard, pour « voir » plus que « regarder »

Chaque enfant a un carnet, ou une feuille de papier avec un support rigide.
Face au paysage, vous définissez un cadre identique pour tout le monde, un angle de vue.

1re étape : on prend le temps de le regarder, on essaye de comprendre son « architecture » générale, on cherche ses formes caractéristiques, ses détails qui intriguent ou qui plaisent...

2e étape : sur la feuille de papier, chacun trace quelques traits qui limitent les grandes masses, sommets, reliefs, limites de forêt, vallées, plateaux... Des « zones » apparaissent ainsi. Puis on ajoute quelques détails que l'on aime ou au contraire qui nous gênent, « petites » choses mais très significatives.

3e étape : on se raconte ensemble les formes détectées, les couleurs, les détails...

Lire le paysage

En prenant le temps de se poser des questions sur un paysage, on va découvrir ses mille histoires...

IMAGINEZ LA SUITE
Qu'est-ce qui se passerait dans ce paysage si on installait une station de ski, ou une route forestière ? Ou s'il y avait une inondation ? Et dans 10 ans, comment la végétation aura-t-elle évolué ?

ÂGE
6 +

TEMPS
20 minutes

MATÉRIEL
Rien

NOMBRE
4 à 8 enfants

LIEU
En extérieur, sur un lieu un peu en hauteur

SAISON
Toute l'année

OBJECTIFS
Guider le regard, pour « voir » plus que « regarder »

L'histoire géologique
Regardez les formes générales : une montagne pointue, une plaine rabotée vous révèlent ce qui s'est passé, il y a des millions d'années, quand la Terre était encore agitée.

L'histoire climatique
Une vallée étroite creusée par une rivière, un petit lac dans un creux, un gros tas d'éboulis... Tout cela s'est formé grâce à la pluie, le vent, le gel...

L'histoire végétale
Les plantes sont-elles vertes ou sèches ? Poussent-elles toutes au même endroit ? Chacune a su trouver sa place en fonction de ses besoins.

L'histoire humaine
Les hommes se sont installés, mais pas n'importe où : un village perché, des cultures dans un creux, une route sur un terrain plat...

Le monde à l'envers

Devant vous s'étale un beau point de vue. Prenez le temps de vous plonger dans ce paysage.

ÂGE
6 +

TEMPS
15 à 20 minutes

MATÉRIEL
Rien

NOMBRE
4 à 8 enfants

LIEU
En extérieur, sur un lieu un peu en hauteur

SAISON
Toute l'année

OBJECTIFS
Développer un regard décalé, différent

Tout simple, mais incroyablement étonnant : on écarte les jambes, dos au paysage que l'on a choisi, on se penche en avant et l'on regarde ce paysage entre ses jambes. Le monde est à l'envers…

D'un seul coup, on le voit différemment, on remarque des détails jusque-là cachés ; et l'on se raconte nos impressions entre nous.

Petit jeu idéal pour :

- un lever ou un coucher de soleil
- une mer de nuages
- une nuit étoilée
- un coin de montagne.

VARIANTE
On observe un peu le paysage, puis on se retourne à tour de rôle pour ne plus le voir, et l'on raconte, de mémoire, aux autres. Découvertes croisées, regards différents, sensibilités complémentaires…
On peut alors poser quelques questions à celui qui est retourné, pour « vérifier » s'il a bien vu ou non certains éléments du paysage.

Si j'étais...

Se mettre dans la peau d'un être vivant pour comprendre la place qu'il occupe...

ÂGE
6 +

TEMPS
15 minutes

MATÉRIEL
Rien

NOMBRE
4 à 8 enfants

LIEU
En extérieur, sur un lieu un peu en hauteur

SAISON
Toute l'année

OBJECTIFS
Guider le regard, comprendre un écosystème

Face à un paysage, vous laissez votre groupe rêver tranquillement. Un oiseau passe dans le ciel, le bruit d'un tracteur bourdonne au loin, tiens, un arbre jaune au milieu de la forêt verte...

Au fait, si tu étais... Vous attribuez un «rôle» de plante ou d'animal (voire de métier humain en relation avec les éléments naturels), en demandant à chacun de tenter de deviner où il vivrait dans le paysage, s'il se déplacerait, ce qu'il ferait... «Si tu étais un aigle, où serait ton nid, où chasserais-tu ? Si tu étais une graine de pissenlit, dans quel sens t'envolerais-tu, où aimerais-tu germer ?»

Chacun s'explique, les autres écoutent ou proposent d'autres solutions, en argumentant.

VARIANTE URBAINE

Ce petit jeu tout simple est aussi passionnant dans un autre contexte, celui d'une ville. Placés en haut d'une tour ou d'une colline dominant votre cité, vous en cherchez ses repères avec votre groupe, et vous leur proposez d'imaginer qu'ils sont un piéton, un cycliste, un automobiliste, le maire, un commerçant...

Vieilles photos...

Quand les cartes anciennes nous racontent l'histoire récente d'un paysage.

VARIANTE URBAINE
Une vieille carte postale d'une place ou d'une rue, et c'est l'évolution des activités humaines que l'on commente : transports, habits, commerce, architecture...

ÂGE
7 +

TEMPS
1/2 H

MATÉRIEL
Des photos anciennes ou des cartes postales d'un lieu bien identifié

NOMBRE
Petit groupe (2 à 5 enfants) ou individuel

LIEU
En extérieur, sur un terrain connu

SAISON
Toute l'année

OBJECTIFS
Approche de l'évolution d'un paysage, notion du temps qui passe

Admirant un paysage,
vous sortez un trésor de votre poche : une photo ancienne du même lieu, prise il y a 50, 80 ans...
Ah mais oui, on reconnaît bien là, la grande courbe de la rivière, et puis ce sommet, là tout au fond...
Par contre, il y avait beaucoup moins d'arbres que maintenant ; et cette maison, tout en haut, elle n'existait pas à l'époque ; et puis ça a dû être pris en hiver, il y a de la neige sur le sommet, alors qu'aujourd'hui, il est tout nu...

C'est à la fois le même lieu, et pas tout à fait le même. Les questions naissent, les hypothèses s'élaborent : pourquoi les arbres se sont multipliés ? Les gens sont-ils plus nombreux aujourd'hui ici ? Quelle activité fait-on en été, qu'on ne peut pas faire en hiver ?...

La nuit tombe...

... et nos repères changent : la vue, notre sens dominant, s'estompe, et les autres sens se réveillent.

ÂGE
7 +

TEMPS
1/2 H à 1H

MATÉRIEL
Rien !

NOMBRE
Petit groupe (2 à 5 enfants)

LIEU
En extérieur, sur un terrain connu

SAISON
Toute l'année

OBJECTIFS
Apprivoiser la nuit, utiliser d'autres sens que la vue

Le monde naturel n'est pas le même la nuit : beaucoup d'animaux s'activent, les humains étant partis se coucher ; les étoiles apparaissent, le soleil étant lui aussi parti...

En avant pour une balade nocturne, sans peur ni lampe. On ne dramatise surtout pas, au contraire, on va bien s'amuser, on part pour un jeu, pour une expérience originale, tranquillement, sans chercher de difficulté : on emprunte le petit chemin que l'on connaît si bien de jour, on marche calmement, en s'arrêtant souvent pour éprouver, écouter. La fraîcheur de la nuit va se faire sentir, le hululement d'une chouette va retentir, le simple bruit d'un petit mulot marchant sur les feuilles va se faire entendre.

Et puis, au retour, on pourra (enfin) se laisser aller à être bruyants, à se raconter ses émotions : on aura vaincu la peur de la nuit.

La lune percée à jour

2 petites observations amusantes pour apprendre avec notre satellite...

ÂGE
7 +

TEMPS
1/2 H

MATÉRIEL
Rien

NOMBRE
Petit groupe (2 à 5 enfants) ou individuel

LIEU
En extérieur, sur un terrain connu

SAISON
Toute l'année

OBJECTIF
Observer la lune, créer des liens entre les phénomènes naturels

Cycles de lune

Chaque 28 jours, la lune fait le tour complet de notre planète, en passant par des étapes : nouvelle, montante, pleine, descendante.
Pour vous y retrouver, tracez un trait vertical imaginaire dans la continuité des bords du croissant de lune que vous observez :

- Premier quartier, cela forme un P comme « Premier », la lune « monte »
- Dernier quartier, cela forme un D comme « Dernier », la lune « descend »

À cause de la lune...

La lune est très haut au-dessus de nos têtes, et pourtant, c'est à cause d'elle que la mer monte et descend sans arrêt : c'est le pouvoir de son attraction.
Mais les marées n'ont pas tous les jours la même amplitude : il y a les grosses et les petites marées. Là encore, la lune est en cause...
Regardez-la dans le ciel, et vous saurez si demain, les marées seront fortes ou faibles :

- Lune en premier quartier ou en dernier quartier : la mer va peu monter et peu descendre
- Pleine lune ou lune nouvelle : la mer va beaucoup monter et beaucoup descendre.

CHAPITRE 3

Enquêter pour comprendre

Au départ, il y a souvent juste
un petit élément intriguant :
une petite bête dans la rivière,
une drôle de pelote grise au pied
d'un grand arbre…
Et puis derrière cette simple
« accroche » naturelle,
apparaissent des adaptations,
des comportements, des relations
complexes. Une globalité, en
somme, un système, un morceau
d'écosystème.
Alors la curiosité première
s'enrichit, s'élargit, pour devenir
une véritable enquête
naturaliste…

L'âge des arbres

Un peu d'observation, et un arbre ou une haie nous racontent leur histoire...

ÂGE
6 +

TEMPS
1/4 H à 1/2 H

MATÉRIEL
Rien !

NOMBRE
Individuel ou en petit groupe

LIEU
Extérieur, en forêt ou le long des haies

SAISON
Toute l'année

OBJECTIFS
Notion de cycles de vie, de saison, de croissance

L'histoire d'un arbre

Sur la souche d'un arbre coupé, on peut lire toute sa vie passée. Et d'abord son âge, en comptant le nombre d'anneaux (appelés cernes), puisque l'arbre en « fabrique » un chaque année. On peut aussi découvrir à quels moments sa croissance a été ralentie, à cause d'une période de sécheresse, d'un coup de gel ou d'un manque de lumière, car les cernes sont alors plus serrés. À l'inverse, des anneaux très espacés indiquent des années de forte croissance.

L'âge d'une haie

Les haies sont nées de l'aménagement humain. Chez nous, certaines existent depuis le Moyen-Âge ! Mais comment connaître leur âge ? On peut y chercher les arbres les plus vieux, on peut interroger les personnes âgées de la région, fouiller dans les archives... On peut aussi faire un truc beaucoup plus simple, et relativement fiable : il suffit de compter sur 20 mètres de longueur de haie le nombre d'espèces d'arbustes et d'arbres différents, et de multiplier le nombre obtenu par 100 ans.

Comme un arbre dans la ville…

Les arbres de notre rue, qu'on oublie trop souvent, ont aussi de nombreuses histoires à nous raconter…

ÂGE
5 +

TEMPS
1/2 H à 1 H

MATÉRIEL
Juste un carnet et un crayon pour noter

NOMBRE
Individuel ou petit groupe

LIEU
Dans la rue près de chez vous…

SAISON
Toute l'année

OBJECTIF
Découverte de la nature de proximité, de sa diversité

Arbre, qui es-tu ?

Pas facile de déterminer le nom de tous les arbres en ville : il y a parfois plus d'espèces et de variétés que dans une forêt, en comptant tous ceux d'origine lointaine et les variétés ornementales ! Utilisez un guide des arbres du monde. Récoltez (modérément) un morceau d'écorce, un bourgeon, une fleur, une feuille, et classez le tout dans le « cahier de votre rue ».

Arbre, d'où viens-tu ?

Si vous aviez vécu il y a 3 siècles, vous n'auriez pas rencontré tous ces arbres, car la plupart ont été rapportés d'Amérique ou d'Asie. Retrouvez leur origine et, sur une carte du monde, localisez-les en dessinant leur silhouette.

Arbre, comment vas-tu ?

Petite enquête pour faire le bilan de santé de vos arbres : Ont-ils le pied bitumé ou pris dans une grille ? Ont-ils un drain pour apporter de l'eau à leurs racines ? L'élagage est-il « doux » ? Y a-t-il des blessures sur leur écorce ? Portent-ils des fils ou des panneaux ?…

La santé des lichens

Quand l'observation de ces étranges végétaux mène à l'étude de la qualité de l'air...

ÂGE
7 +

TEMPS
1H à une après-midi

MATÉRIEL
Juste un carnet et un crayon pour noter

NOMBRE
En petit groupe

LIEU
En extérieur

SAISON
Toute l'année

OBJECTIF
Approche de la diversité végétale, sensibilisation aux problèmes de pollution

Sur les troncs d'arbres, sur les tuiles de toits, sur les murs, même, les lichens poussent partout ! Ces drôles de végétaux, mi-algues mi champignons sont vraiment très étonnants à observer : il y a les verts chevelus, les jaunes crustacés, les bruns foliacés...
Ils savent donc se contenter de peu, mais en même temps, chaque espèce réagit différemment à la pollution de l'air. Certaines sont très sensibles, d'autres ne le sont pratiquement pas. Selon les lichens que vous trouverez, vous pourrez donc avoir une idée du degré de la pollution de l'air l'endroit où vous habitez.

Utilisée à une échelle scientifique, cette méthode peut être adaptée à une utilisation avec des jeunes enfants, en se contentant d'une balade à la recherche des lichens, en notant leur nombre, leur diversité, leur aspect, et en émettant des hypothèses quant à leur santé, sans pour autant en sortir une étude savante...

Géologie urbaine

Quand les bâtiments nous racontent ce qu'il y a sous nos pieds...

ÂGE
5 +

TEMPS
1/2H à 1H

MATÉRIEL
Rien !

NOMBRE
Individuel ou en petit groupe

LIEU
Dans votre ville

SAISON
Toute l'année

OBJECTIF
Notion de géologie, découverte du milieu urbain

Le bon emplacement

La plupart du temps, les hommes ont soigneusement choisi le lieu avant de construire une ville : ce pouvait être au bord d'un fleuve, près d'un guet permettant de le franchir, ou sur un piton, pour pouvoir bien se défendre. Vous pouvez sans doute retrouver la bonne raison qui a engendré votre ville, en regardant la géographie de votre cité.

Matériaux naturels

En regardant attentivement de quoi sont faits les plus vieux bâtiments de votre ville, vous apprendrez beaucoup sur la géologie de votre région ! En effet, autrefois, les hommes, n'allaient pas chercher loin, ils se servaient des matières naturelles qu'ils trouvaient directement sur place pour construire les murs et les toits.

- Dans les régions calcaires ou granitiques, on taillait directement dans la pierre. Alors que dans les plaines argileuses, on cuisait des briques pour bâtir les murs.
- Les tuiles sont soit en ardoise (roche naturellement feuilletée), soit en argile cuite.

La rivière est-elle polluée ?

Les petites bébêtes aquatiques nous renseignent sur la qualité de l'eau

ÂGE
7 +

TEMPS
Une sortie d'1 à 2H

MATÉRIEL
- Une feuille de papier et un crayon
- Des bottes
- Une épuisette
- Une bassine de couleur claire
- Des petits pots ou gobelets
- Une loupe

NOMBRE
En petit groupe

LIEU
Au bord d'un ruisseau ou d'une rivière

SAISON
Toute l'année, avec une préférence de janvier à mai

OBJECTIF
Aborder la notion de diversité animale, d'adaptation, approche globale d'un milieu

Une rivière boueuse peut être en bonne santé, alors qu'une eau claire peut contenir des produits toxiques invisibles… Comment savoir, alors ?
Il est possible de faire diverses analyses chimiques : température de l'eau, teneur en oxygène dissous, acidité, comme le font des scientifiques.
On peut aussi chercher les petites bêtes…, multiples espèces d'invertébrés qui vivent à l'état larvaire dans l'eau des rivières. Car certaines espèces ne peuvent survivre que dans des eaux très oxygénées et fraîches, alors que d'autres se portent très bien dans les eaux sales, vaseuses et peu oxygénées.

MILLE ET UNE ADAPTATIONS

En soi, l'observation des petits animaux vivant dans la rivière est une mine d'enseignement, chacun ayant son adaptation bien à lui pour vivre caché dans le courant : larves de plécoptères et d'éphémères aux formes aplaties glissées sous les rochers, petits escargots d'eau douce ventousés, larves molles de trichoptères abritées dans des fourreaux de cailloux ou de brindilles.

Ainsi, en observant ces animaux, vous pouvez faire le bilan de santé d'une rivière !

Rendez-vous au ruisseau ou à la rivière du coin pour débusquer les bébêtes !

- Soulevez délicatement quelques pierres et cherchez bien les nombreuses larves d'insectes et autres petits animaux qui y vivent discrètement accrochés.
- Vous pouvez aussi racler le fond de l'eau avec une épuisette, à contre courant, et sur quelques mètres : de nombreux invertébrés s'y trouveront ainsi piégés.
- Versez délicatement votre "récolte" dans une bassine claire. Repérez le nombre d'animaux différents et triez-les éventuellement « par ressemblance » dans des gobelets différents : plus le nombre d'espèces est grand, et plus votre rivière a des chances d'être pure.

Dans les eaux pures, vous rencontrerez... des larves de trichoptères, des larves d'éphémères, des ancyles.

Dans les eaux polluées, vous trouverez... des sangsues, des aselles, des larves de chironomes.

Le tableau V.A.C.H.E./S.

La nature est complexe,
il est simple de s'en
apercevoir !

ÂGE
6 +

TEMPS
Balade d'1/2H, suivie d'un temps d'1/2H

MATÉRIEL
Une feuille de papier et un crayon...

NOMBRE
En petit groupe

LIEU
Extérieur puis intérieur

SAISON
Toute l'année

OBJECTIF
Aborder la complexité des interrelations entre tous les éléments composant un environnement

Une sortie dans la nature c'est bien, on découvre toujours tout un tas de choses ! Bien sûr, on peut les noter ou les dessiner, mais ce ne sont souvent que des éléments descriptifs, des renseignements mis bout à bout, alors que la nature est en fait complexe, avec des influences, des relations, des interactions entre le monde vivant et non vivant... Heureusement, il y a le tableau V. A. C. H. E./S. !

La sortie nature se passe tranquillement, les mains dans les poches. C'est au retour que les choses commencent...

Dans un premier temps, il s'agit de lister tous les éléments naturels que l'on a observés, et surtout de les classer. Un verger, une framboise, un chêne, une brindille, une girolle ? Tout ceci appartient au monde végétal.

Une crotte de lapin, un geai, un poil de renard, une salamandre ?
Nous sommes là dans le monde animal.
Le soleil, l'ombre, un nuage, la chaleur ? Voici l'univers du climat.
Un chemin, un village, un forestier,

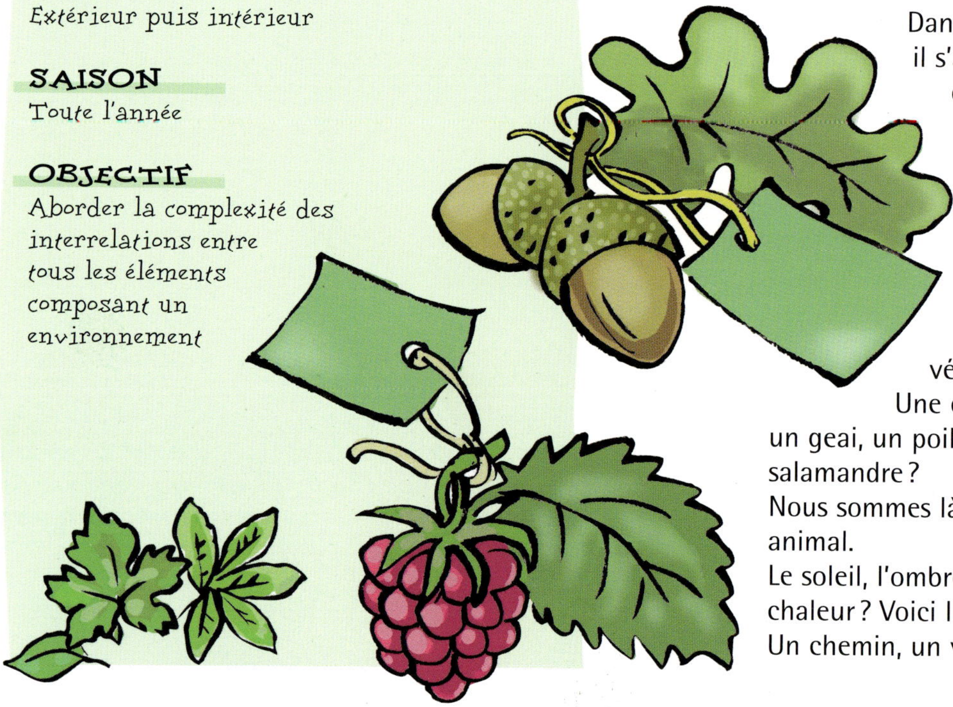

des champs labourés ? Mais oui, c'est le monde des humains. Une pierre, un talus, de la boue, une rivière ? C'est le domaine de l'eau et du sol.

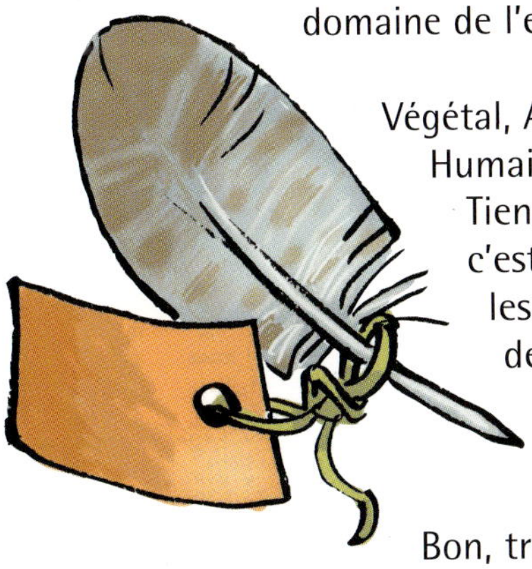

Végétal, Animal, Climat, Humains, Eau, Sol… Tiens, c'est amusant, les premières lettres de ces mots forment le mot « V. A. C. H. E./S. »

Bon, très bien, mais il y a des éléments qui ne rentrent pas dans ces catégories, ou plutôt qui rentrent dans deux de ces « cases ». Comme le terrier du lapin (A. et E./S.), les fleurs qui attirent les abeilles (V. et A.), le moustique qui nous pique (A. et H.), le ramasseur de champignons (H. et V.)… Comment faire alors ?

Pas de problème, il suffit de créer un tableau à double entrée. Et l'on n'obtiendra plus des listes, mais des cases à remplir avec ce que l'on a vu pendant la balade.

Et ainsi se dessine un « tableau V. A. C. H. E./S. » reflétant les relations entre tous les éléments de notre environnement…

Prolongements possibles

- Le tableau V. A. C. H. E./S. peut-être réalisé en grande dimension et affiché au mur ; chaque observation peut être dessinée, photographiée, écrite…

- On peut faire plusieurs balades dans des milieux naturels différents, ou encore à des époques variables, et comparer les tableaux V. A. C. H. E./S. ainsi obtenus.

Le printemps arrive !

Guettons-le à travers une petite enquête

ÂGE
7 +

TEMPS
Des balades d'1H, une fois par semaine pendant 3 mois

MATÉRIEL
Une feuille de papier et un crayon...

NOMBRE
Individuel ou petit groupe

LIEU
Directement autour de chez soi

SAISON
De fin février à mi mai

OBJECTIF
Guider une découverte régulière d'un environnement donné, faire prendre conscience des saisons

Ça y est, le printemps arrive ! Des animaux se réveillent, d'autres reviennent de très loin, des fleurs éclosent, des bourgeons s'ouvrent... Tous ces signes apparaissent selon un calendrier quasi immuable. Pour le découvrir, il suffit de les guetter, les trouver, les écouter... et de les noter soigneusement sur votre « fiche enquête printemps ».

Méthodologie

1 Choisissez 10 à 12 signes naturels « faciles » à observer un peu partout (y compris en milieu urbain, en tout cas que vous pensez être présents près de chez vous), à la fois animaliers et végétaux.

2 Faites une grille d'enquête (voir modèle ci-contre) et donnez-en une photocopie à chaque enfant.

3 Définissez une zone d'observation commune à tous (votre quartier, le bois derrière chez vous...).

4 Prévoyez une balade d'observation et d'écoute par semaine, de fin février à mi-mai, chaque participant faisant ses observations et les notant sur sa fiche-enquête.

5 Faites le point à la fin de l'enquête sur les observations de chacun.

MODÈLE DE FICHE ENQUÊTE

- Mon nom et mon prénom
- Le lieu de mes observations
- J'ai commencé mes observations le...
- J'ai terminé mes observations le...

Pour chaque signe observé :

- Élément observé
- Date d'observation
- Signe observé ou remarque

Les signes possibles (et simples) à guetter

SIGNES ANIMALIERS

- Première coccinelle
- Première hirondelle de fenêtre
- Premier martinet noir
- Premier papillon citron
- Premier chant de coucou
- Premier chant de merle noir
- Première ponte de grenouille

SIGNES VÉGÉTAUX

- Floraison de pissenlit
- Floraison de lilas
- Floraison de cerisier
- Floraison de coquelicot
- Floraison de robinier faux-acacia
- Floraison de sureau
- Premières feuilles de marronnier

Le secret des pelotes

Chouettes et hiboux nous laissent de précieux indices de leurs repas...

ÂGE
6 +

TEMPS
1H, au delà de la «récolte»

MATÉRIEL
- Du papier journal
- Quelques outils fins, pince, pointe...
- Des feuilles de papier noir

NOMBRE
Individuel ou petit groupe

LIEU
En intérieur

SAISON
Toute l'année

OBJECTIF
Découvrir le régime alimentaire des rapaces, notion de classification

Dans les vieilles granges ou au pied des grands arbres isolés dans les champs, vous pouvez trouver de curieuses boules grises en tas.
Ce sont les pelotes de réjection des rapaces, chouettes, faucons et autres buses : après avoir digéré les petits rongeurs qu'ils ont attrapés et avalés d'un coup, ces oiseaux «font le tri» dans leur estomac, et rejettent par la bouche tout ce qui n'est pas assimilable, sous forme de boules de poils et d'os.

Aubaine : vous allez pouvoir connaître ce qu'ils ont mangé !

- Récoltez quelques-unes de ces pelotes de réjection.
- Faites-les tremper quelques dizaines de minutes dans de l'eau pour les ramollir
- Sur du papier journal, décortiquez-les et sortez tous les os que vous trouvez : il y a des petits crânes, des fémurs minuscules, des côtes toutes fines...
- Étalez vos découvertes sur une feuille de papier sombre et faites le tri. On peut facilement identifier des espèces de petits rongeurs différentes (campagnol, mulot, musaraigne) grâce à la forme du crâne et des dents.

On peut aussi reconstituer un petit squelette en collant les pièces d'un de ces «puzzles» sur une feuille de papier sombre.

Toiles visibles

Magique ! Faites apparaître les toiles d'araignées invisibles...

ÂGE
4 +

TEMPS
1/4H à 1/2H

MATÉRIEL
- Un vaporisateur
- Une lampe torche

NOMBRE
Individuel ou petit groupe

LIEU
En extérieur, le long des haies et des chemins

SAISON
De mars à octobre

OBJECTIF
Aborder le monde des araignées, notion de chaîne alimentaire

Avez-vous déjà vu des grandes toiles d'araignées ? Pas sûr, car elles sont presque transparentes. Mais grâce à ces 3 petits trucs, vous allez vite découvrir ces merveilles géométriques.

1er truc : levez-vous tôt le matin !

Au matin, la rosée se dépose sur les fils des toiles, qui scintillent de mille feux. Ne tardez pas trop, car cette rosée s'évapore vite sous le soleil.

2e truc : emportez votre vaporisateur !

En pleine journée, vous pouvez recréer la rosée en vaporisant un peu d'eau au hasard, le long des haies ou des clôtures. Les toiles se matérialisent...

3e truc : baladez-vous la nuit...

Balayez les haies et la voûte des arbres avec le faisceau lumineux d'une lampe torche. Les toiles qui y sont accrochées apparaîtront dans la lumière.

Petit plus :

Faites délicatement vibrer le bord d'une toile avec votre doigt. L'araignée, pensant qu'un insecte se débat dans son piège, sortira de sa cachette...

CHAPITRE 4

Expérimenter pour apprendre

Regarder, c'est bien joli, mais est-ce qu'on peut toucher ? Toucher seulement ? Bien plus que cela : allons-y et tripotons, caressons, bidouillons, découpons, plantons, élevons, entretenons, décorons, collectionnons...

Avec l'expérimentation, non seulement les qualités manuelles vont se développer, mais ce contact direct créé avec la nature va renforcer le lien et approfondir les connaissances, les construire même.

Derrière le naturaliste, le scientifique en herbe va pointer le bout de son nez...

Élevage de papillons

Quand l'ortie piquante offre des observations passionnantes...

ÂGE
6 +

TEMPS
Séances courtes étalées sur plusieurs jours

MATÉRIEL
- Des chenilles [...]
- Des orties (... bis)
- Un pot
- Un grillage fin

NOMBRE
Individuel ou petit groupe

LIEU
En intérieur

SAISON
De mars à juillet

OBJECTIFS
Aborder le lien plante-animal, découvrir la métamorphose

Les papillons sont difficiles... Dans votre jardin, chaque espèce choisit avec attention la plante qui lui correspond et sur laquelle elle va pondre. Là, ses chenilles gourmandes qui vont bientôt naître s'en régaleront avant de devenir elles-mêmes papillons. Pourquoi ne pas observer ces métamorphoses chez vous ?

■ Cherchez des chenilles sur les orties (ces plantes n'hébergent pas moins de 5 espèces de papillons). Recueillez-en 3 ou 4. Muni de gants, prélevez quelques pieds d'orties et leurs racines. Replantez-les dans un grand bocal transparent garni de terre.

■ Installez délicatement vos chenilles sur les feuilles d'orties. Vaporisez de temps en temps avec de l'eau. Les chenilles sont gloutonnes, veillez à ce qu'elles ne manquent pas d'orties.

■ Recouvrez bien le bocal avec un grillage fin, car vous allez peut-être assister à la métamorphose d'une chenille... en un beau papillon adulte (au bout de quelques semaines). Ce jour-là, après observation, n'oubliez pas de retirer le grillage pour lui rendre sa liberté.

Captures d'insectes

Récoltes abondantes pour observations passionnantes

ÂGE
4 +

TEMPS
1/2 H à 1 H

MATÉRIEL
- Un drap
- De la cordelette
- Une lampe
- Un parapluie

NOMBRE
Individuel ou petit groupe

LIEU
Au jardin, en forêt, près d'une haie

SAISON
De mars à octobre

OBJECTIF
Observer les insectes par un biais ludique et pacifique

Parapluie à l'envers

Ouvrez grand un parapluie et placez-le à l'envers au pied d'une haie ou d'un fourré. Secouez énergiquement les branchages situés au-dessus du parapluie : toute la micro faune vivant sur les feuilles va tomber dans votre ombrelle collectrice…

Drap lumineux

Si beaucoup d'insectes sont visibles en plein jour au printemps et en été, d'autres, très nombreux également mais de mœurs nocturnes, attendent la tombée de la nuit pour s'activer. Pour bien les voir, rien ne vaut un piège lumineux, efficace et sans danger pour les petites bêtes.
Tendez une corde entre deux piquets ou deux arbres, et accrochez-y un grand drap blanc, bien éclairé par derrière par une lampe. Bientôt, papillons nocturnes, moustiques et autres petits animaux de la nuit vont venir se poser sur ce drap, fascinés par la lumière. Vous pourrez alors les observer à loisir.

La tour de verre des vers de terre

Observer le travail des lombrics en direct dans sa chambre, c'est possible !

ÂGE
5 +

TEMPS
1 h pour le bricolage,
2 à 3 semaines d'observations

MATÉRIEL
- Quelques vis
- 2 plaques de plastique transparent (du plexiglas) : 2 carrés de 30 cm de côté
- 3 planchettes épaisses d'au moins 1,5 cm, larges de 2,5 cm, celle qui servira de fond doit être longue de 30 cm et les deux autres de 28,5 cm.

NOMBRE
Individuel ou petit groupe

LIEU
Intérieur

SAISON
Toute l'année, hors hiver

OBJECTIF
Découverte du rôle des vers de terre dans la décomposition des végétaux

1 Une grande personne va percer le plexiglas sur les côtés et le bas, et assembler ensuite le futur terrarium comme sur le dessin ci-contre. En serrant bien les vis, on obtient ainsi une boîte étroite et sans couvercle : un terrarium à lombrics.

2 Remplissez le terrarium de plusieurs couches de terres différentes disposées les unes sur les autres : une couche de terre tamisée du jardin, une couche de sable, une couche de terreau... (au moins trois ou quatre sortes). Arrosez la terre pour bien l'humidifier... sans la noyer.

3 La réalisation est prête pour accueillir quelques vers de terre trouvés dans la terre du jardin (mieux : un tas de compost ou de fumier). Attention, une douzaine de lombrics suffisent amplement. Après les avoir installés, recouvrez le tout d'une fine couche de gravier. Placez ensuite quelques feuilles ou herbes mortes.

Si l'on ne se sent pas trop l'âme d'un bricoleur, on peut faire la même expérience avec le fond d'une bouteille en plastique ou un grand bocal de confiture. Le travail des lombrics sera seulement visible un peu plus lentement qu'avec un terrarium.

4 Enveloppez le terrarium d'une bâche noire ou avec un tissu qui ne laisse pas passer la lumière (sinon les vers ne tarderaient pas à mourir) et attendez patiemment.

ASSISTANTS JARDINIERS

Dans un seul mètre carré de jardin, il peut y avoir jusqu'à 200 lombrics! Tous mangent des débris végétaux, les décomposent et les mêlent à la terre. Et en plus, ils creusent toute leur vie des galeries jusqu'à plus de 50 cm de profondeur. Voilà de quoi rendre le sol plus léger…

5 Au bout de quelques jours, jetez un coup d'œil sur les protégés : ils ont déjà fait leurs galeries et ont commencé à mélanger les couches de terre. Et ce n'est pas fini… Surveillez régulièrement le travail des lombrics et n'oubliez pas d'humidifier la terre de temps en temps.

Après quelques semaines, redonnez leur liberté à ces petits laboureurs.

Cheminées de fée

Ou comment reproduire l'érosion des sols... dans une assiette !

CHEMINÉES DE FÉE
Sous ce joli nom, se cachent des sculptures étonnantes que l'on peut voir dans les montagnes faites de roche tendre. Le nom du sculpteur ? L'eau. En ruisselant sur les pentes, celle-ci a emporté sable et graviers, sauf... sous quelques pierres plus dures, qui, en tassant les sédiments sous elles, leur ont permis de résister à l'érosion. Au bout d'un certain temps, ces cheminées finiront par s'effondrer, mais elles seront remplacées par d'autre, surgies de dessous leur pied.

ÂGE
4 +

TEMPS
20 minutes

MATÉRIEL
- Une assiette
- Des pièces de monnaie
- Du sable
- Un arrosoir

NOMBRE
Individuel

LIEU
Au jardin ou en intérieur

SAISON
Toute l'année

OBJECTIF
Aborder la géologie, et en particulier le phénomène d'érosion

Faites une colline de sable bien tassé dans une assiette, et posez dessus quelques pièces de monnaie par-ci par-là.
Si vous n'êtes pas pressé et que le temps est à la pluie, placez votre ouvrage dehors, sous la pluie. Ou alors utilisez un arrosoir (en pluie fine) pour un résultat immédiat...
Le sable a été emporté sur les bords de l'assiette, sauf sous les pièces de métal dur, qui l'ont protégé contre la force des gouttes d'eau.

Filtrage « naturel »

Le sol filtre l'eau, cela se voit dans une bouteille !

ÂGE
4 +

TEMPS
1/2 H

MATÉRIEL
- Une bouteille en plastique d'1,5 l
- Des ciseaux
- Du tissu

NOMBRE
Individuel ou petit groupe

LIEU
Au jardin

SAISON
Toute l'année

OBJECTIF
Comprendre le cycle de l'eau, en particulier l'étape de passage dans le sol

Après une bonne pluie, ne maudissez pas les flaques d'eau boueuses, mais utilisez-les au contraire pour reproduire en bouteille le rôle de filtration du sol.

Pour faire le filtre, découpez la bouteille dans son tiers inférieur et retournez le haut, avec le bouchon percé.
Dans la partie retournée de la bouteille, empilez des couches de sable fin, de gros sable, de gravier et du tissu fin.
Versez la boue dans ce filtre, elle passe dedans goutte après goutte... pour devenir une eau parfaitement limpide dans la partie inférieure de la bouteille !

L'eau des rivières et des lacs ne représente qu'une petite partie de l'eau douce disponible sur Terre. La plus grande partie (97 %!) se trouve sous nos pieds, dans les nappes phréatiques du sol.

Des montagnes entre vos mains

Quand la formation des plis et des failles devient un jeu d'enfants...

ÂGE
3 +

TEMPS
10 minutes

MATÉRIEL
- 4 bandes de pâte à modeler de couleurs différentes

NOMBRE
Individuel

LIEU
À l'intérieur

SAISON
Toute l'année

OBJECTIF
Aborder la géologie (à faire de préférence après des observations « sur le terrain »...)

Avec des bandes de pâte à modeler, vous pouvez reconstituer tous les types de plis et de failles qui existent dans la nature, et comprendre (ou expliquer) ainsi les forces qui permettent leur création.

Prenez 4 bandes de pâte à modeler de couleurs différentes, et empilez-les, comme s'il s'agissait de couches de sédiments.
Tenez fermement les 2 extrémités de ces bandes avec les mains, et poussez-les lentement l'une vers l'autre. Un pli se forme (soit synclinal si la courbe est vers le bas, soit anticlinal si elle est vers le haut).
Avec de longues bandes de pâte à modeler, vous obtiendrez plusieurs plis, différents les uns des autres, et qui se télescoperont. Une vraie montagne !

Vous pouvez aussi couper les bandes en 2 morceaux, et réaliser des failles :

- Écartez légèrement les 2 blocs (comme lorsque les plaques s'écartent), et vous obtenez une faille normale.
- Rapprochez-les au contraire (comme quand les plaques s'affrontent), et voici une faille inverse.
- Décalez-les l'un par rapport à l'autre, et vous obtenez un décrochement.

Nuages en bocal

Magique! Devenez fabricants de nuages!

ÂGE
4+

TEMPS
20 minutes

MATÉRIEL
- Un bocal en verre épais
- Une casserole
- Un plateau de métal
- Des glaçons

NOMBRE
Individuel ou petit groupe

LIEU
À l'intérieur

SAISON
Toute l'année

OBJECTIF
Comprendre le cycle de l'eau, en particulier la formation des nuages

Chauffée par le soleil, l'eau du sol (des lacs, des rivières) se transforme en vapeur invisible et monte vers le ciel.
Poussée par le vent, la vapeur d'eau voyage dans les airs.
Quand cette masse d'air chaud et humide rencontre un courant froid (notamment en s'élevant), la vapeur d'eau commence à se condenser en gouttelettes. Des nuages se forment.
Les gouttelettes grossissent et finissent par former de lourdes gouttes qui tombent sur le sol. Fin du cycle de l'eau.

Pour reproduire en petit la rencontre d'une masse d'air humide et d'un courant froid, versez dans un bocal en verre épais de l'eau bouillante (attention...).
Déposez sur le bocal un plateau métallique portant des glaçons.
Dans le bocal, au contact du plateau froid, la vapeur d'eau se condense, formant un mini-nuage.

La grande tour des aromates

Quand jardinage, cuisine et histoire se rencontrent.

ÂGE
3 +

TEMPS
30 minutes

MATÉRIEL
- 5 pots de taille croissante
- De la terre et du terreau (5 l de chaque)
- Des plants et/ou des graines d'aromates

NOMBRE
Individuel

LIEU
Intérieur ou extérieur

SAISON
Intérieur ou extérieur

OBJECTIF
Première approche du jardinage dans un espace réduit

La tour, c'est le "jardin" d'aromates quasi idéal ! Elle ne prend pas de place, elle permet d'avoir plusieurs plantes à portée de main, elle est bien drainée, et mise au soleil, elle apportera la chaleur que certaines plantes adorent.

1 Choisissez cinq pots en terre de tailles différentes et remplissez-les d'un mélange de terre et de terreau jusqu'à environ la moitié.

2 Commencez par installer dans le plus grand pot une plante aromatique qui aime le frais, comme la menthe, le persil, le basilic...

3 Installez le deuxième pot en l'enfonçant bien dans la terre du premier et en complétant avec de la terre tout autour.

4 Continuez ainsi jusqu'au sommet de la tour, en gardant pour les derniers étages les plantes aimant beaucoup la chaleur (thym ou sauge).

5 Cette tour d'aromates peut être installée sur un rebord de fenêtre, celle de la cuisine par exemple...

Les indispensables du jardin d'aromates

BABYLONE
Il y a environ 2600 ans, l'épouse du roi Nabuchodonosor II s'ennuyait à Babylone, regrettant les montagnes et les collines boisées de son pays natal, la Perse. Alors son roi de mari lui fit élever des terrasses en escaliers, couvertes de végétaux et de grands arbres. Une merveille, mais aussi une prouesse technique, car il fallut construire un énorme système d'irrigation pour ces jardins suspendus en pays sec...

■ La ciboulette, vivace, qui se sème au printemps ou se multiplie en divisant les touffes.

■ Le basilic, très parfumé, qui se sème au printemps... ou s'achète en petits godets.

■ La menthe (et ses multiples variétés) vivace, qui apprécie les sols riches et humides. Idéale, donc, pour le pied de la tour.

■ Le persil (et ses multiples variétés), très riche en vitamine C, à semer jusqu'au moins d'août.

■ Le thym, vivace, qui aime le soleil et les terres sèches. À placer donc au sommet de la tour.

■ Et puis aussi : l'estragon, l'aneth, la sauge, l'origan, l'armoise, la mélisse, la lavande...

Collection de bourgeons

Ou comment « mettre en boîte » les bourgeons des arbres et arbustes.

ÂGE
5 +

TEMPS
Celui d'une balade, puis 1 h

MATÉRIEL
- 1 sécateur (pour vous...)
- De la pâte à modeler
- Des bandes de carton de 20 cm sur 5
- Du plâtre à prise rapide

NOMBRE
Individuel ou petit groupe

LIEU
En forêt ou au jardin, puis en intérieur

SAISON
Automne et hiver

OBJECTIF
Développer l'observation par la collection de moulages

Petite balade hivernale au pays des arbres caducs. Pas de feuille ni de fruit pour les identifier, mais heureusement, les bourgeons sont là. Et quelle diversité ! Il y en a de toutes les formes, de toutes les tailles : des sans écailles, des imperméables, des lisses, des velus, des gros, des minuscules, des ronds, des fins, des bruns, des verts... Chaque arbre, chaque buisson a les siens.

BOÎTES À TRÉSORS
(une histoire à raconter)

En hiver, tous les arbres et les arbustes portent des bourgeons sur leurs branches. Ce sont leurs boîtes à trésors... C'est là en effet qu'ils gardent en réserve et bien à l'abri du froid toutes leurs futures feuilles et fleurs, en attendant le printemps. Voici enfin le redoux du printemps, l'heure de « l'ouverture » de ces boîtes à trésors : la « colle » qui recouvre les bourgeons (on l'appelle propolis) fond, les écailles s'écartent sous la poussée des toutes premières feuilles, une tige s'élance et s'allonge, des feuilles se déploient. Bientôt les fleurs !

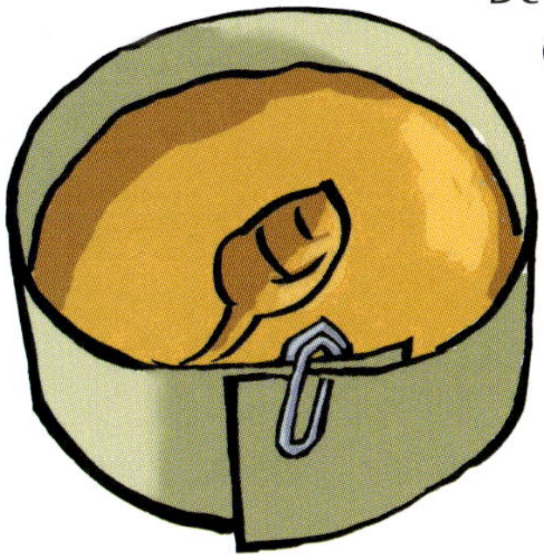

Pour l'enfant, on en coupera proprement quelques-uns bien formés, en gardant 4 à 5 cm de tige sous chaque bourgeon.

De retour à la maison, on enfoncera chacun d'entre eux à moitié dans de la pâte à modeler bien souple, puis on le retirera doucement pour conserver sa forme intacte dans la pâte.

On entourera ensuite la pâte d'une bande de carton (maintenue par un trombone) et l'on coulera du plâtre à prise rapide dans ce moule.

Séchage, démoulage, nettoyage, éventuellement peinture ou vernissage : voici les pièces de la collection de bourgeons.

Les plantes se multiplient

Magique, facile, rapide et efficace, c'est le bouturage des plantes

ÂGE
6 +

TEMPS
10 minutes, puis de la patience...

MATÉRIEL
- Plantes: bégonia, misères, tiges de forsythia
- Greffoir ou couteau
- Ciseaux
- Terreau
- Bac
- Petits pots
- Verres

NOMBRE
Individuel ou en petit groupe

LIEU
Au jardin ou intérieur

SAISON
Printemps et été

OBJECTIF
Manipulation du «vivant», plaisir de «faire ses plantes» soi-même

Le bégonia en feuille

Prenez une belle feuille de bégonia et posez-la à plat dans un bac rempli de terreau, les nervures côté terre. Avec un cutter, faites entre 5 et 10 incisions au niveau des nervures, puis arrosez. En 3 semaines, de jeunes pousses vont naître à l'endroit des incisions. Quand elles auront 3 à 5 cm de haut, détachez-les délicatement et placez-les dans un pot.

La misère dans l'eau

Pincez entre vos doigts une tige bien formée d'environ 10 cm de long. Enlevez les 2 feuilles du bas, étêtez la tige avec une paire de ciseaux et placez la bouture dans un verre d'eau.

Conseils généraux

- Pour ces boutures, utilisez un greffoir bien aiguisé (attention les doigts...), car la coupe doit toujours être propre et nette, juste au-dessous du départ d'une feuille.
- Ne prenez jamais de rameau en fleur, attendez qu'il soit en feuille.
- Qu'elles soient de bois, de tige ou de feuille, évitez absolument le dessèchement des boutures. Bref, ne les laissez pas traîner: aussitôt coupées, aussitôt bouturées!
- Une bouture est un bébé plante fragile, à qui l'on doit apporter beaucoup de soin.

Le forsythia en terre

Prélevez sur une tige de 2 ans une bouture à talon, c'est-à-dire un jeune rameau avec son point d'attache sur la branche. Coupez les feuilles au-dessus des bourgeons (attention à ne pas les abîmer), en en laissant 3 ou 4 en place. Disposez 2 ou 3 boutures dans un pot contenant du compost sableux. Placez le tout derrière une fenêtre bien éclairée, maintenez la fraîcheur du sol par arrosage. Dès que les bourgeons commencent à grossir, c'est gagné : la bouture a émis ses premières racines.

En quelques jours, apparaissent les premières racines. La transplantation en terre se fait un mois après environ.

À bouturer également: le weigélia, le genêt, la viorne, la corète, la véronique arbustive, le chèvrefeuille, la vigne vierge, le thuya, le fusain, le géranium, le fuschia, les œillets, les impatiens, le lierre, le saintpaulia, le gloxinia, l'abutillon...

Magique, la peinture au chou

Ou la découverte artistique des réactifs chimiques.

ÂGE
5 +

TEMPS
De 15 minutes à...

MATÉRIEL
- un chou rouge
- une centrifugeuse
- du citron
- un savon
- des feuilles de papier
- des pinceaux
- des petits pots
- de la cendre de bois tamisée
- un filtre à café
- un porte filtre
- de l'eau chaude (prudence...)

NOMBRE
Individuel ou petit groupe

LIEU
Intérieur

SAISON
Toute l'année

OBJECTIF
Découvrir le principe des réactifs indicateurs d'acidité, à travers une activité «artistico-ludique»

L'eau de cendre... incolore

1 Déposez 2 bonnes cuillérées à café de cendre dans le filtre, et versez doucement de l'eau chaude.

2 Un jus un peu jaune sort du filtre, c'est «l'eau de cendre», à mettre soigneusement de côté.

Du jus de chou tout violet

1 Découpez des morceaux de chou rouge et passez-les dans une centrifugeuse. Filtrez le jus obtenu.

2 Voici un beau violet assez clair, qui va s'assombrir un peu en séchant sur une feuille de papier.

3 Disposez une quantité égale de ce jus de chou dans une série d'éprouvettes ou de petits pots en verre. Attention, la magie va commencer...

Chou + cendre = une palette de couleurs

1 Laissez le premier tube juste avec du jus de chou. Versez de l'eau de cendre dans le deuxième, un peu plus dans le troisième... La couleur bleue apparaît.

2 Dans le quatrième, versez-en un peu plus, et encore plus dans le cinquième... Voici le vert. Pour mieux le voir, on peut diluer le mélange avec de l'eau.

3 Violet, bleu, vert, jaune... Voilà une palette de couleurs. Et si, dans le dernier tube, on ajoute du jus de citron, voilà... du rose !

COMMENT ÇA MARCHE?

Le jus de chou rouge est un «réactif indicateur d'acidité», disent les scientifiques. Plus simplement: sa couleur change selon ce avec quoi il est en contact. Si ce sont des acides (comme le jus de citron), il vire au rose. Si ce sont des bases (comme l'eau de cendre ou l'eau savonneuse), il vire au bleu, puis au vert. La magie du chou, en fait, c'est de la chimie!

MESSAGES SECRETS CITRONNÉS

Le jus de citron a une autre propriété magique: transparent, il brunit au contact de la chaleur...

Pressez un citron et filtrez le jus obtenu. Plongez un pinceau fin dans le jus de citron et écrivez le message de votre choix sur un papier. Attendez que cela sèche bien... et transmettez votre message invisible à qui de droit. Pour le révéler, le correspondant doit approcher la feuille de papier de la flamme d'une bougie (attention au feu), ou le passer au fer à repasser.

Citron rose et savon bleu

1 Enduisez une feuille de dessin avec du jus de chou, de façon à avoir un fond uni. Laissez sécher.

2 Trempez un pinceau dans du jus de citron pour avoir du rose fluo. Utilisez un autre pinceau pour l'eau savonneuse et vous aurez du bleu ciel.

3 À vous, ensuite, de créer avec votre chou magique...

Décalques au naturel

Tatouons les feuilles, personnalisons les pommes !

ÂGE
3 +

TEMPS
10 minutes, puis de la patience...

MATÉRIEL
- Des ciseaux
- Du carton sombre
- Du papier collant opaque

NOMBRE
Individuel ou en petit groupe

LIEU
Extérieur

SAISON
Printemps et été

OBJECTIF
Compréhension du rôle de la lumière sur la « fabrication » des pigments végétaux

Si les feuilles des plantes sont vertes, c'est parce qu'elle contiennent un pigment appelé chlorophylle ; si la peau des pommes est rouge ou jaune, c'est parce que cette peau contient elle aussi des pigments (des anthocyanes) dans tous les cas, ces couleurs sont fabriquées par les plantes grâce à la lumière du soleil. Cachons le soleil, pour « tatouer » les végétaux !

Feuille pâlichonne

Si l'on « coupe » la lumière sur une feuille, celle-ci va pâlir... Pour cela, fixez une forme en carton opaque, avec un trombone, sur une grande feuille (de géranium par exemple). Placez la plante bien au soleil, et attendez quelques jours avant de retirer le carton : la partic cachéc dc la feuille est devenue toute pâle...

Des pommes personnalisées

Quand les pommes sur l'arbre ont atteint leur taille définitive mais sont encore vertes, c'est le moment de les « marquer » d'un petit dessin. Dans du papier collant opaque, découpez la forme de votre choix. Collez ce morceau bien à plat sur une pomme orientée vers le soleil... et attendez. La peau de la pomme va se dorer lentement, sauf sous la partie cachée. À l'automne, au moment de la cueillette, enlevez le papier collant : le dessin sera inscrit directement sur la pomme !

Collection d'écorces

Toutes pareilles, les écorces des arbres ?
Pas du tout, chacune a sa couleur,
son épaisseur, ses reliefs...

ÂGE
4 +

TEMPS
1/2H

MATÉRIEL
- Des feuilles de papier blanc pas trop épaisses
- Des crayons gras ou des pastels

NOMBRE
Individuel ou petit groupe

LIEU
En forêt ou dans un parc public

SAISON
Automne et hiver

OBJECTIF
Développer le sens de l'observation, aborder la classification

Pour faire une collection d'écorces d'arbres, on peut toujours en récupérer des morceaux sur des arbres morts, mais il y a beaucoup plus simple, et moins encombrant...

Posez une feuille de papier sur le tronc que vous avez choisi (sans mousse ni lichen) et tenez-la bien appuyée pour ne plus qu'elle bouge.
Frottez la feuille avec un crayon gras, en le tenant le plus plat possible. Magique ! Les reliefs de l'écorce apparaissent peu à peu...
N'oubliez pas, pour chacun de vos décalques d'écorce, de noter soigneusement le nom de l'arbre (il est intéressant à ce stade d'aller jusqu'à l'identification) et la date de votre "prise de vue".

Premier herbier

Difficile la botanique ? Mais non ! Il y a une façon fort simple de découvrir les plantes, c'est l'herbier.

ÂGE
6 +

TEMPS
Des après-midi, des semaines, des années...

MATÉRIEL
- Des ciseaux (à bouts ronds...)
- Des petits sacs en plastique, genre sacs à congélation
- Un vieil annuaire (ou des feuilles de papier journal)
- Quelques gros livres
- Un cahier à dessin
- Du scotch transparent

NOMBRE
Individuel

LIEU
Intérieur et extérieur

SAISON
Printemps et été

OBJECTIF
Première approche d'identification et de classement des plantes

Exploration

Pas besoin d'aller bien loin pour commencer un herbier, le jardin ou les talus de la rue d'à côté peuvent suffire... Repérez toutes les plantes qui pourraient convenir : elles doivent être en fleurs et même légèrement en début de fructification, et ne pas être trop grosses pour pouvoir sécher rapidement.
Et puis on peut choisir un thème pour son herbier : les fleurs de légumes, les "mauvaises herbes" du jardin, les fleurs cultivées, les fleurs jaunes ou bleues... Il est plus intéressant de faire 2 ou 3 petits herbiers à thèmes qu'un gros fourre-tout !

Identification

Il est beaucoup plus facile d'identifier les plantes quand elles sont en fleurs sur pied que quand elles sont sèches... On peut demander à ses voisins leur nom populaire, ou s'aider d'une flore pour trouver les espèces.

On en restera là pour les enfants de moins de 8 ans, même si on peut aborder en discutant la notion de genre, de famille...

Récolte

Coupez les plantes près du sol. Ne les arrachez pas, elles pourront ainsi refleurir. Posez-les à plat sur une cagette en bois. Récoltez deux spécimens de chaque espèce et ramenez le tout sur la table de jardin ou de la cuisine.

Séchage

Faites sécher les plantes le plus rapidement possible, pour qu'elles gardent au mieux leurs belles couleurs. Cette opération doit se faire à l'abri de la lumière. Installez chaque plante sur une page d'annuaire, soigneusement étalée, les feuilles bien à plat, les fleurs ouvertes de façon naturelle (attention aux "faux plis"). Si besoin, écrasez légèrement avec le doigt les tiges trop grosses et les parties charnues. Laissez au moins cinq pages entre chaque plante. Quand toutes sont en place, posez cette presse improvisée dans un lieu sec, chaud et bien aéré (un grenier) et recouvrez-la avec les plus gros livres de la maison.

Humidité

L'humidité, c'est l'ennemi numéro un de l'herborisateur, car elle fait pourrir les plantes. La période de séchage demande une surveillance attentive. Tous les deux jours pour les plantes les plus charnues, tous les trois ou quatre jours pour les plus sèches, ouvrez la « presse-bottin » pour vérifier que les plantes ne moisissent pas et qu'elles sont dans une bonne position. Repositionnez-les éventuellement avec une fine pince.

Album

Deux semaines plus tard, les plantes sont sèches. Enlevez-les soigneusement et disposez-les dans l'herbier : collez-les, soit avec de l'adhésif-papier spécial herbier qui dure très longtemps et n'abîme pas les plantes, soit avec un adhésif translucide, plus commun mais plus fragile. Dernière étape : pensez à mettre des étiquettes pour savoir quelles sont ces plantes, d'où elles viennent, qui les a récoltées et quand !

Le jardin exotique

Cultiver des plantes exotiques à la maison, voilà le meilleur moyen de voyager sans bouger de chez soi !

ÂGE
4 +

TEMPS
10 minutes, puis de la patience...

MATÉRIEL
- Plantes : avocat, ananas, chayotte
- Couteau
- Ciseaux
- Terreau
- Petits pots
- Verres

NOMBRE
Individuel ou en petit groupe

LIEU
À l'intérieur

SAISON
Toute l'année selon les fruits

OBJECTIF
Manipulation du « vivant », plaisir de « faire ses plantes » soi-même

L'avocat des Bahamas

Récoltez son gros noyau et laissez-le sécher. Au bout d'un jour ou deux, enlevez la fine peau brune qui enveloppe la graine. Ensuite, faites 3 petits trous à 2 cm au-dessus de sa base et plantez-y des allumettes. Installez le noyau « le cul dans l'eau » dans un verre et le tour est joué. Dans quelques semaines, votre petit arbre va émettre sa première tige. Si vous le chouchoutez un peu, il pourra atteindre 2 m de haut et vivre plusieurs années !

L'ananas du Paraguay

Découpez la rosette de feuille d'un ananas bien vert en conservant un centimètre de chair. Après avoir laissé sécher la coupe, plantez-la dans un mélange de sable et de terreau jusqu'à la base des feuilles. Arrosez (mais l'eau ne doit pas s'accumuler dans le pot). La bouture ne réussira bien que si vous la placez au chaud, à 18 °C, dans une pièce claire.

La chayotte du Costa Rica

On l'appelle aussi cristophine ou chou-chou. Son envie de pousser est telle qu'avant même d'être mise en terre, elle commence déjà à émettre de jeunes pousses ! C'est le moment de la mettre dans un pot, à moitié enterrée dans de la bonne terre de jardin. Installez-lui vite des tuteurs : elle s'y accrochera grâce aux petites vrilles de sa tige. Si son pot est assez grand et qu'elle est bien nourrie, elle grandira très vite, pouvant atteindre 2 m en moins d'un mois !

Le labyrinthe de lumière

Dans une boîte à chaussures, une tige de plante va grimper jusqu'à la lumière...

ÂGE
6 +

TEMPS
1/2 heure, puis de la patience...

MATÉRIEL
- Une boîte à chaussures en carton
- 2 carrés de carton
- Un cutter (attention les doigts...)
- De la colle
- Un pot avec une soucoupe
- Des graines de haricot, de blé ou de tournesol

NOMBRE
Individuel ou en petit groupe

LIEU
À l'intérieur

SAISON
Toute l'année

OBJECTIF
Découvrir les besoins en lumière des plantes vertes... et bricoler

Bricolage

- Découpez une ouverture au sommet de la boîte posée dans le sens de la hauteur.
- Découpez également une ouverture dans chacun des 2 cartons, à des endroits différents.
- Fixez le premier carton dans la boîte, à un tiers de la hauteur.

Expérience

Posez le pot en bas, avec une graine ou une plante, arrosez bien et fermez la boîte avec son couvercle. Ça y est, votre plante est prisonnière... ou presque. Il lui reste en fait une possibilité de sortie : celle tout là-haut, par où arrive la lumière... Quelques jours plus tard, la plante a grandi : elle a tordu sa tige pour pouvoir la faire passer par le trou du premier carton. Il est temps d'installer le deuxième, un tiers plus haut. Refermez la boîte et attendez de nouveau... La pousse va alors continuer son chemin, mais en changeant de direction, pour pouvoir passer par le trou du deuxième carton. Toujours en filant vers la lumière...

Dans quelque temps, ses prouesses finiront enfin par être récompensées : l'extrémité de la tige franchira l'ouverture du haut de la boîte.

Le potager de poche

Voici le potager nomade, celui que vous pouvez installer n'importe où !

ÂGE
6 +

TEMPS
1 petite heure

MATÉRIEL
- 3 bouteilles en plastique de 1,5 l, dont au moins deux de section carrée
- 4 pailles coudées
- Un peu de terreau, de coton, de sable et de billes d'argile
- De la pât-à-fix
- Des graines, des boutures, des petits oignons... et un peu d'engrais liquide

NOMBRE
Individuel

LIEU
À l'intérieur

SAISON
De février à fin juin

OBJECTIF
Faire des expériences de cultures sur différents substrats

1 Coupez les deux bouteilles de section carrée dans le sens de la longueur afin de former des récipients. Percez quelques trous dans le fond, ils permettront l'écoulement du surplus d'eau.

2 Dans la troisième bouteille, à mi-hauteur, percez quatre trous d'un diamètre légèrement inférieur à celui des pailles. Raccourcissez chaque paille et glissez dedans un morceau de coton.

3 Glissez ensuite chaque paille dans les trous de la bouteille (le coude doit être vers l'extérieur), en colmatant avec de la pât-à-fix pour éviter les fuites. Remplissez la bouteille d'eau additionnée d'engrais liquide.

3 Installez vos demi-bouteilles en croix autour du réservoir. Disposez dans chacune une culture et un substrat différents (coton/graines, billes/lentilles, terre/bouture de menthe, sable/oignon...) et laissez pousser... au goutte à goutte.

Installé dans votre maison derrière une fenêtre, ce mini potager peut servir pour préparer les semis que vous repiquerez ensuite au jardin, en pleine terre.

Papier de fleurs

Faites-vous un papier personnalisé... grâce aux plantes et aux fleurs de votre jardin!

ÂGE
6 +

TEMPS
2 fois 1 heure

MATÉRIEL
- 2 baguettes de bois de 1 à 2 cm de côté, de 20 à 25 cm de longueur
- 2 baguettes de bois de 1 à 2 cm de côté, de 15 à 20 cm de longueur
- Un petit morceau de grillage fin de 20 × 25 cm
- Des pétales secs de fleurs (soucis, marguerite, statice...), des morceaux de pétales (rose, coquelicot, hortensia...), ou encore des petites feuilles parfumées (lavande, thym, romarin...)
- Des boîtes à œufs en carton
- Un mixeur
- Un grand bac à fond plat (genre litière pour chat... mais propre)
- Des tissus épais d'au moins 20 × 30 cm
- Une presse... ou des gros livres

NOMBRE
Individuel ou en petit groupe

LIEU
À l'intérieur

SAISON
De mars à octobre

OBJECTIF
Aborder la notion de recyclage, bricoler

Fabrication du tamis

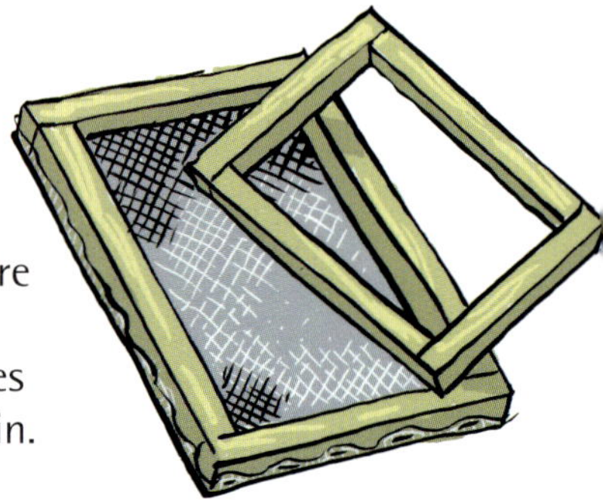

1 Clouez les 4 baguettes de façon à faire un cadre de bois bien rigide. Fixez dessus (avec des agrafes) le grillage fin.

2 Déchiquetez en petits morceaux l'équivalent de deux boîtes de six œufs et laissez-les tremper un quart d'heure dans un litre d'eau. Passez ensuite ce mélange au mixeur, jusqu'à obtenir une véritable « pâte à papier », homogène, sans grumeau, liquide et en même temps un peu épaisse.

3 Déposez dans votre pâte les végétaux que vous voulez incorporer. À vous de choisir : soit un mélange avec plusieurs pétales, plusieurs couleurs, soit une seule couleur, soit un seul parfum. Vous obtiendrez ainsi au final autant de papiers différents que de choix.

4 Remplissez le grand bac d'eau jusqu'aux deux tiers de sa hauteur. Plongez-y complètement votre tamis, le côté grillage tourné vers le fond du bac. Prenez un peu de pâte avec un gobelet et versez-la sur le tamis de façon régulière.

5 Posez un des tissus bien à plat sur la table. Sortez le tamis (avec la pâte) de l'eau, et laissez-le bien s'égoutter. Approchez-vous ensuite du tissu... et retournez vivement le tamis dessus : la feuille de pâte, encore détrempée, va venir s'y « coller ».

6 Procédez de la même façon pour chaque feuille, en empilant au fur et à mesure les couches tissu-feuille de papier. Ne dépassez pas la dizaine de couches.
Délicatement, déposez ce paquet sous la presse... et vissez fort (à défaut, posez de grands livres sur le paquet).

7 Laissez sécher vos feuilles au moins 24 heures, toujours bien écrasées (sinon, vous auriez du papier tout gondolé...).
Détachez ensuite délicatement chaque feuille de son tissu.
Un papier fleuri ou parfumé, idéal pour écrire votre courrier...

Parfums d'hiver

Épices, oranges et citrons sont là pour nous offrir un hiver sucré... et parfumé!

ÂGE
4 +

TEMPS
20 à 30 minutes

MATÉRIEL
- Pour les tranches d'agrumes: quelques oranges ou citrons, un couteau, du fil de cuisine
- Pour les fruits piqués: quelques oranges ou citrons frais, des clous de girofle, du scotch, des rubans de couleur de 1 à 2 cm de large

NOMBRE
Individuel ou en petit groupe

LIEU
À l'intérieur

SAISON
De novembre à mars

OBJECTIF
Découvrir les «essences» des agrumes... et bricoler

Tranches d'agrumes séchées

Découpez des tranches de citron ou d'orange d'un demi-centimètre d'épaisseur. Enfilez-les par leur centre sur un fil, et placez ces «guirlandes» au-dessus d'une source de chaleur (comme un radiateur) pour les faire sécher. Quand, après plusieurs jours, les tranches sont bien sèches, vous pouvez les disposer dans une petite corbeille en osier et les poser sur un radiateur, le parfum ne s'en dégagera que mieux.

Fruits piqués de clous de girofle

Entourez un fruit avec du scotch, à l'emplacement futur du ruban. Piquez des clous de girofle partout ailleurs dans le fruit (au hasard, ou alors en créant des spirales, des ronds, des fleurs...). Laissez un espace entre chaque clou, car lorsque le fruit va sécher, il va se ratatiner et les clous vont se rapprocher les uns des autres, jusqu'à créer une «boule» de clous de girofle. Entourez le fruit du ruban. Suspendu, il parfumera votre maison pendant des semaines.

Le carré de la diversité

Un relevé *tout* simple et ludique pour comptabiliser la diversité.

ÂGE
6 +

TEMPS
20 minutes à 1 h

MATÉRIEL
- 4 morceaux de bois d'un mètre environ
- De la ficelle
- Des vis et un tournevis
- Des punaises
- Un crayon
- Du papier quadrillé

NOMBRE
Petit groupe

LIEU
Dans un champ ou au jardin, sur la pelouse

SAISON
Toute l'année

OBJECTIF
Développer l'observation, le relevé de terrain, et aborder la notion de biodiversité

Combien y a-t-il de plantes différentes dans votre jardin ? Certains recoins de la pelouse sont-ils plus riches que d'autres ? Et le champ d'en face, il semble si diversifié en plantes...

Commencez par construire un cadre de bois avec un quadrillage de ficelle à 16 cases. Lancez-le ensuite au hasard dans un coin de votre jardin ou sur le champ à étudier. Comptez alors les plantes dans chacune des 16 cases et notez soigneusement leur emplacement sur la feuille quadrillée (qu'importe les noms, on peut attribuer une couleur à chaque type de plante, et se contenter d'un rond sur le papier).

Vous pouvez recommencer l'expérience dans un autre endroit, refaire un relevé, recommencer... et découvrir ainsi la richesse (ou la pauvreté) botanique de plusieurs milieux. Surprise : une « belle » pelouse n'accueille bien souvent que 2 ou 3 plantes différentes dans 1m^2, alors qu'une prairie « sauvage » en héberge plusieurs dizaines...

Salade tout en couleurs

Mais oui, bien des fleurs du jardin se mangent, elles sont même délicieuses...

ÂGE
3 +

TEMPS
30 minutes

MATÉRIEL
- 1 laitue
- 4 fleurs de souci, autant de pois de senteur, de capucine, de courgette, de coquelicot, de grappes de sauge
- 100 g de petits dés de fromage doux
- 1 poignée de raisins secs
- du vinaigre (de cidre), de l'huile (d'olive) et du sel fin

coquelicot

NOMBRE
Individuel ou en petit groupe

LIEU
Intérieur et extérieur

SAISON
Printemps et été

OBJECTIF
Découverte des fleurs par un biais original, sensibilisation aux goûts et à la cuisine

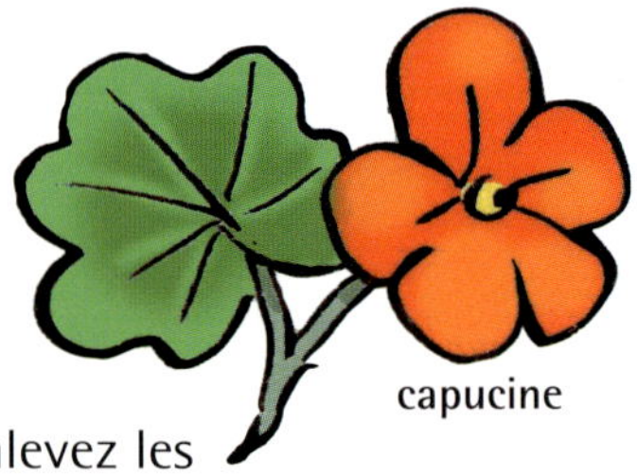
capucine

Recette

1 Lavez la laitue, enlevez les feuilles abîmées et égouttez-les.

2 Lavez aussi les fleurs et égouttez-les délicatement sur du papier absorbant (essuie-tout) pour ne pas les « froisser ».

3 Pour les très grosses fleurs comme le souci, ne gardez que les pétales. Les moyennes, comme la capucine, le coquelicot, la courgette sont hachées, tandis que les plus petites, comme la sauge, sont gardées entières mais séparées de toutes les petites tiges et tous les pédoncules (souvent amers et durs).

4 Préparez la vinaigrette avec une cuillerée de vinaigre pour trois cuillerées d'huile. Ajoutez 1 pincée de sel fin.

5 Au fond d'un saladier, versez la vinaigrette, les dés de fromage, les raisins secs, puis la laitue et enfin les fleurs.

6 Au moment de servir, brassez la salade, et disposez par-dessus, en décoration, quelques fleurs entières gardées de côté.
Bel appétit !

courgette

pois de senteur

D'autres fleurs comestibles : l'althæa, le bégonia, le cosmos, la mauve, la bourrache, le chou, la menthe, le pissenlit... Mais aussi l'artichaut (composé des bractées qui protègent la future fleur), et le chou-fleur (gros bouton floral) !

souci

PRUDENCE...
Toutes les plantes ne sont bien évidemment pas comestibles... Dans le jardin, il y a aussi beaucoup de plantes toxiques comme les feuilles de la pomme de terre ou de la tomate, mais aussi les feuilles et les fleurs de l'aconit, l'anémone, l'arum, la digitale, le pied d'alouette, le ricin... Par précaution, ne consommez donc que les fleurs citées sur cette page, et dont l'identification est avérée. Et passez le message de manière ferme et explicite aux enfants...

Semelles vertes

Participation involontaire au voyage des plantes...

ÂGE
5 +

TEMPS
10 minutes après une balade

MATÉRIEL
- Une coupelle

NOMBRE
Individuel ou en petit groupe

LIEU
Dans la nature, puis en intérieur

SAISON
Printemps et automne

OBJECTIF
Aborder les thèmes de la dissémination et de la germination

Il a plu toute la nuit, les chemins de terre sont détrempés. C'est donc un bon jour pour aller faire une récolte «au hasard» de graines de plantes sauvages... sous vos pieds ! Partez simplement en balade avec des chaussures crantées ou des bottes, en passant dans les fossés boueux, les flaques de terre humides... À votre retour, récupérez soigneusement toute la terre boueuse qui est restée collée à vos chaussures. Placez cette terre dans une petite coupelle, au chaud et à la lumière, et attendez quelques jours en la maintenant simplement humide... Les graines que vous aurez involontairement rapportées sous vos pieds vont germer rapidement et vous aurez bientôt un nouveau petit jardin sauvage plein de surprise !

Cette activité peut se réaliser plusieurs fois de suite, en essayant à chaque balade d'arpenter un milieu naturel différent (chemin, lisière, bord d'étang...), et en comparant ensuite les plantes qui poussent.

Plantes liquides

Les plantes *transpirent*,
les plantes *aspirent*.

ÂGE
4 +

TEMPS
Environ 1 H pour chaque activité

MATÉRIEL
- Une petite plante verte en pot
- Un sac en plastique transparent
- Des encres colorées (ou des colorants alimentaires)

NOMBRE
Individuel

LIEU
En intérieur

SAISON
Du printemps à l'automne

OBJECTIF
Aborder la circulation des liquides dans les plantes (sève, photosynthèse...)

Les plantes transpirent

Un jour de grand soleil, enfermez une petite plante verte dans un sachet plastique et patientez quelques heures. De la buée va peu à peu recouvrir l'intérieur du sac. Eh oui, les feuilles de la plante transpirent à la chaleur : une partie de leur eau s'évapore par des petits trous appelés stomates.

Des fleurs aux couleurs de votre choix

Cueillez une fleur de couleur naturellement pâle (rose, œillet, dahlia, marguerite...) et amusez-vous à en changer la couleur ! Pour cela, un peu d'encre colorée suffit : trempez le bout de la tige dans un verre d'eau colorée avec l'encre, et c'est tout. La fleur, en « pompant » l'eau colorée, va peu à peu en prendre la teinte.

Mieux encore : en séparant la tige en deux dans le sens de la longueur jusqu'à la moitié, et en trempant les deux extrémités dans deux encres de couleurs différentes, vous obtiendrez une fleur bicolore !

CHAPITRE 5

Protéger pour être acteur

Comprendre pour connaître,

connaître pour respecter,

respecter pour avoir envie d'agir...

C'est parce qu'on connaît le lieu où l'on vit, notre « environnement » proche, que l'on se sensibilise à sa richesse, à sa fragilité aussi, sans idéalisme ni catastrophisme.

Pour en arriver là, il faut « grandir » un peu, passer de l'affectif pur à la réflexion.

Mais déjà, avec les plus jeunes enfants, des actions simples de « protection » sont possibles.

À chaque âge son action « écocitoyenne »...

Aidez les oiseaux en hiver

Offrez-leur à boire et à manger. Car un oiseau meurt rarement de froid, sauf s'il est affamé...

ÂGE
6 +

TEMPS
1/2 H à 1 h pour chaque bricolage

MATÉRIEL
- Pour la boîte distributrice de graines: un fond de boîte de camembert en bois, du fils de fer, une agrafeuse, un grillage fin.
- Pour le support pour pomme: une planche en bois (de sapin) de 15 × 15 cm et de 25 mm d'épaisseur, une scie sauteuse, une perceuse, un fil de fer
- Pour la mangeoire boîte de lait: un carton de lait, des gros ciseaux, un fil de fer
- Pour le pot de graisse: de la graisse de porc (du saindoux) ou de mouton (du suif), une casserole, un gaz, des pots de yaourt, un fil de fer

NOMBRE
Individuel ou petit groupe

LIEU
Au jardin

SAISON
Fin novembre à avril

OBJECTIFS
Action de protection, observation des oiseaux

Le petit pot de graisse

Faites fondre la graisse au bain-marie dans une casserole et ajoutez-y un mélange de graines variées. Prenez un pot de yaourt vide et percez un petit trou au fond. Passez dans ce trou un fil de fer, il vous servira à le suspendre. Colmatez le reste du trou avec du papier et versez dessus votre mélange graisse + graines un peu refroidi. Laissez la graisse durcir complètement, puis démoulez le tout et suspendez.

Le support pour pomme

Sur la planche, tracez un cercle de 8 cm de diamètre. Découpez ce cercle à la scie sauteuse. Avec une perceuse et une petite mèche (5 mm), percez deux trous à l'opposé l'un de l'autre, et un troisième sur un autre côté. Dans ce dernier, passez le fil de fer qui servira à suspendre votre nourrissoir. Les deux autres trous serviront à recevoir une tige plus forte qui transpercera et maintiendra la pomme en place.

La boîte distributrice de graines

Sur le côté de la boîte de camembert, installez à 5 cm d'intervalle deux fils de fer de 15 cm de long et découpez entre eux une trappe qui servira à refaire le plein de graines. Fixez « en façade » le grillage fin. Remplissez (aux deux tiers) votre mangeoire, avec des graines plus grosses que les mailles du grillage. Il ne vous reste plus qu'à la suspendre sur votre balcon ou dans un arbre du jardin.

La mangeoire boîte de lait

Avec des gros ciseaux, découpez une face du carton à 4-5 cm du fond ; faites de même sur les côtés et dégagez une belle ouverture. Passez un fil de fer solide en son sommet, remplissez-la de graines et suspendez-la. Rouges-gorges, moineaux et mésanges viendront tour à tour s'y percher pour se nourrir.

Nichoir à chauves-souris

Ou comment remédier
à la crise du logement chez
ces animaux bien utiles...

ÂGE
6 +

TEMPS
1 H pour le bricolage

MATÉRIEL
- une scie
- un marteau
- des clous
- un morceau de plastique noir épais ou de la toile goudronnée
- 2 planches de 30 cm X 16 cm, et de 1,5 cm d'épaisseur
- 2 tasseaux de 30 cm, 1 de 12 cm, et 4 de 2 cm

NOMBRE
Individuel ou petit groupe, l'adulte sera évidemment indispensable

LIEU
Au jardin

SAISON
Toute l'année

OBJECTIFS
Découverte du rôle des chauves-souris insectivores, action de protection

Clouez les tasseaux sur une des 2 planches comme indiqué sur le dessin, puis fermez le nichoir en clouant la deuxième planche.

Ne rabotez pas l'intérieur du nichoir, faites plutôt de fines rainures. Les chauves-souris s'y accrocheront. N'oubliez pas : un espace d'un centimètre entre les deux principales planches suffit largement pour les espèces de notre région.

Fixez sur le toit et autour du nichoir la bâche noire. Elle empêchera la pluie de pénétrer dans le bois et chauffera rapidement le nichoir au moindre rayon de soleil.

MERCI LES CHAUVE-SOURIS

Quelles championnes, ces chauves-souris: elles peuvent manger en une soirée près de 30 % de leur propre poids d'insectes! Des scientifiques ont même calculé qu'une espèce appelée murin de Daubenton mangeait quelque 60000 moustiques en une saison, de mai à octobre! Sans compter tous les autres insectes qui adorent vos légumes et qui finissent aussi dans leur estomac... Voilà un véritable insecticide naturel.

Placez ensuite le gîte dans un endroit ensoleillé à au moins 2 m de hauteur : sur un tronc d'arbre de votre jardin, contre le mur de votre maison, etc.

Pour savoir si le nichoir est utilisé, demandez au enfants de regarder à son pied s'il y a des crottes. Vous pouvez même installer un petit bac en dessous du nichoir pour récupérer le guano, excellent engrais pour votre jardin !

Si le nichoir est bien construit et bien isolé, une chauve-souris pourra l'occuper tout l'hiver, en hibernation. Sinon, il sera prêt pour l'accueillir au printemps suivant.

Nichoirs à insectes

Près de 80 % des fleurs ont besoin
des insectes pour être pollinisées!
Ils méritent donc bien un petit coup de pouce...

ÂGE
6 +

TEMPS
1/2 H pour chaque bricolage

MATÉRIEL
- une bûche
- une perceuse
- un pot de fleurs
- une jardinière

NOMBRE
Individuel ou petit groupe

LIEU
Au jardin

SAISON
De mars à août

OBJECTIFS
Découverte du rôle des insectes pollinisateurs, action de protection

Un petit tas de pierres, une bande de sable, un coin d'herbes folles, des plantes aromatiques, mais aussi de véritables nichoirs... les idées ne manquent pas pour aider les abeilles solitaires à vivre dans votre jardin ou sur votre balcon.

Une bûche pour abeilles

Une simple bûche percée de trous de différents diamètres peut servir de nichoir. Percez le bois à la perceuse, mais sans transpercer la bûche de part en part. Surveillez bien : chaque cavité bouchée de "terre" vous indiquera qu'une abeille a fait son nid.

Fagots pleins, fagots creux

De tiges à moelle (ronce, sureau, framboisier...) liées en fagots permettront aux abeilles de creuser directement leur galerie dans la moelle des rameaux.
Des tiges creuses (pailles, bambou...) attireront d'autres espèces d'abeilles solitaires. N'oubliez pas de boucher l'une des extrémités avec de la boue.

La plus petite réserve naturelle du monde
Pour aider les abeilles sauvages, pas besoin d'avoir un grand terrain : un simple rebord de fenêtre peut suffire. Dans une grande jardinière, vous avez en effet la place d'offrir le gîte (bûche percée, fagots de tiges...) et le couvert (plantes aromatiques et mellifères, comme le thym, la lavande, le romarin, la menthe, la sauge, l'origan...) à vos protégées, tout en profitant du spectacle qu'elles vous offriront tous les jours !

Un pot de fleurs pour les bourdons

Placez quelques copeaux ou de la vieille paille à l'intérieur d'un pot de fleur et enterrez-le à l'envers, en gardant le trou d'évacuation d'eau juste à la surface du sol.
Installez sur quatre petites pierres une planchette qui empêchera la pluie d'inonder le nichoir. Le tour est joué, les bourdons seront ravis.

Une maison pour les oiseaux

Classique, mais efficace pour héberger chez soi de précieux auxiliaires...

ÂGE
6 +

TEMPS
1 H pour le bricolage

MATÉRIEL
- Des planches de sapin ou de pin (qui résistent à l'humidité) de 2 cm d'épaisseur
- Une scie
- Un marteau
- Des clous de 3,5 cm
- Une perceuse pour faire le trou d'entrée

NOMBRE
Individuel ou petit groupe, l'adulte sera évidemment indispensable

LIEU
Au jardin

SAISON
Automne et hiver (à poser avant le printemps)

OBJECTIFS
Découverte des oiseaux dits «cavernicoles», action de protection

Découpez la planche selon le plan dessiné ci-contre, en respectant bien les dimensions.

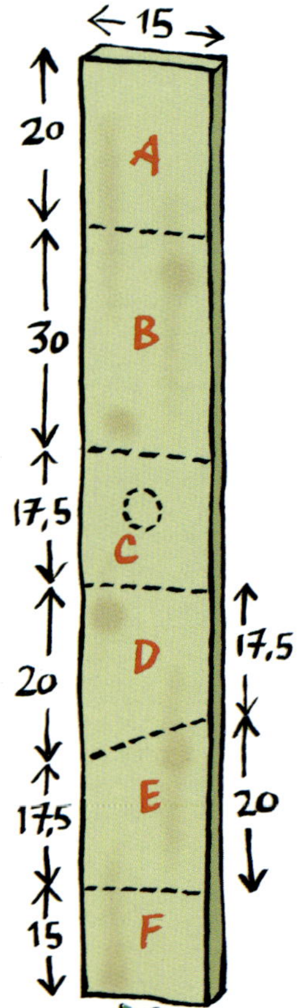

1 Percez le trou d'entrée, il doit faire 3 cm de diamètre, pas plus. Cela sera suffisant pour attirer des mésanges ou des sittelles.

UN NICHOIR AVEC UN POT DE FLEUR
Récupérez un vieux pot en terre cuite. Avec le côté fin d'un petit marteau, donnez de légers coups au bord du trou jusqu'à ce que la moitié du fond soit percée. Voilà, votre nichoir-express est déjà terminé! N'hésitez pas à poser ce "pot-nichoir" directement au sol, contre un talus plein de hautes herbes, au pied de votre haie, de votre tas bois... Il sera idéal ainsi pour attirer les rouges-gorges.

2 Assemblez chaque pièce, comme indiqué sur le dessin, à l'aide de petits clous que vous aurez trempés dans de la graisse (cela évitera au bois de se fendre).

3 Peignez seulement l'extérieur du nichoir avec une couleur qui n'est pas trop voyante (vert, marron...).

4 Posez votre nichoir sur un arbre à au moins 2 mètres de hauteur, pour que personne ne vienne embêter vos locataires. Accrochez-le avec du fil de fer, mais en plaçant des morceaux de bois pour ne pas abîmer l'arbre.

Une prairie sauvage

Contre le « désert vert » des pelouses, installez une prairie sauvage chez vous !

ÂGE
6 +

TEMPS
Presque *toute* une année (mais par séquences courtes)...

MATÉRIEL
- Des graines ou des plants de fleurs sauvages
- Un râteau

NOMBRE
Individuel ou petit groupe

LIEU
Au jardin

SAISON
De mars à septembre

OBJECTIFS
Action de protection, approche de la biodiversité végétale

Préparez le sol

Un sol bien retourné et une terre finement travaillée, sans engrais (la prairie préfère les sols pauvres), voilà un bon départ... et une excellente occasion « d'étudier » la qualité de la terre avec les enfants.

Semez votre prairie

Semez les graines à la volée. Recouvrez-les en passant le râteau, puis tassez doucement le sol avec le dos d'une pelle. Quand toutes les graines auront levé et que les plantules auront 3 à 4 feuilles, passez un rouleau sur votre prairie pour favoriser le « tallage » des plantes, c'est-à-dire leur étoffement.

Choisissez vos graines

Vous pouvez acheter des mélanges tout prêts dans le commerce ou encore le faire avec les enfants : mélangez 80 % de graminées (les herbes) à 20 % de fleurs des champs (trèfle, luzerne, lotier, grande marguerite, pâquerette, carotte sauvage, mauve, chicorée...). Un peu de calcul : il vous faut à peu près 3 g de semences au m^2. Pour une prairie de 10 m^2, il vous faudra donc 24 g de graines de graminées et 6 g de fleurs, pas plus !

Entretenez votre prairie

En cas de sécheresse, pensez à arroser un peu votre jeune prairie. Sinon, elle va se débrouiller toute seule.

Le seul entretien consiste à la faucher... très peu ! La première année, une seule coupe en septembre suffit. Ensuite, 2 coupes peuvent être nécessaires pour éviter que les ronces et les arbustes ne viennent coloniser le terrain : la première en juillet, la seconde fin septembre.

Enrichissez votre pelouse

Vous avez déjà une pelouse ? Pas de problème : vous pouvez transformer la partie la moins fréquentée en prairie naturelle. Pour cela, vous allez enrichir cet espace en y repiquant des jeunes plants de fleurs des champs, récupérés dans une prairie voisine ou sur le bord des chemins. Vous pouvez aussi semer des graines de fleurs des champs directement sur les taupinières, ou sur des espaces de terre nue et grattée.

CHAPITRE 6

La nature boîte à malice

Des sifflets, des jouets, des farces et attrapes, des bijoux... Mais oui, la nature est une véritable boîte de jeux ! Voici quelques activités toutes simples à réaliser à partir d'éléments naturels, glanés dans les champs, le long des haies ou au jardin, tout au fil des saisons...

Avoine : une paille pour la soif

MATÉRIEL
rien

SAISON
été

LIEU
champs

Quand vous vous promenez en été à côté d'un champ de céréales, vous ne pouvez pas la rater : c'est elle qui dépasse, avec ses deux mètres de haut.

On la dit « folle » car elle est tout le temps agitée.

Avec sa tige, vous pouvez faire d'excellentes pailles pour boire un sirop de menthe bien frais. Pour cela, il vous suffit de la couper entre deux nœuds lorsqu'elle est presque sèche.

Bardanes fléchettes

MATÉRIEL
quelques allumettes

SAISON
fin d'été

LIEU
champs, terrains vagues, talus

Récoltez dans les champs quelques fruits de bardane secs : vous reconnaîtrez ce grand « chardon » à ses fleurs violettes en épis, et surtout à ses crochets « attachants ».

Prenez une allumette et appointez-la. Plantez celle-ci à la place de la tige (le pédoncule).

Choisissez votre « proie », approchez doucement... Et hop ! Voilà votre fléchette accrochée au pull de votre victime.

Blé germé : assiette à la provençale

MATÉRIEL
une coupelle, du coton, des grains de blé

SAISON
décembre

LIEU
intérieur

Récupérez quelques grains de blé (ou de seigle, d'orge, d'avoine...) et déposez-les 2 ou 3 semaines avant Noël dans du coton humide, sur une assiette.
Placez cette assiette bien au chaud derrière une fenêtre et attendez : les grains de céréales vont germer, donnant de belles pousses vertes bien droites. Idéales pour un décor de table de fête... et pour grignoter pendant le repas !

En Provence, cette tradition s'accompagne d'une croyance, qui veut que si le grain germe à temps pour les fêtes, l'année suivante, la récolte sera bonne et généreuse !

Branches fleuries en plein hiver

MATÉRIEL
rien

SAISON
début d'hiver

LIEU
intérieur

Faire entrer un morceau de printemps dans votre maison en plein hiver, c'est possible ! Il suffit de faire croire aux bourgeons de certains arbres que les beaux jours sont déjà arrivés...
Après les premières gelées (et après seulement), coupez des branches d'arbres ou d'arbustes à floraison précoce, comme les amandiers, les cerisiers, les pruniers, les prunelliers, les forsythias... Si les branches sont gelées, laissez-les d'abord dégeler dans une pièce fraîche. Puis, installez-les dans un vase rempli d'eau chaude (35°, pas plus). En quelques jours, les bourgeons vont s'ouvrir bien en avance, libérant leurs trésors de fleurs parfumées.

Branchettes en mikado

MATÉRIEL
couteau, branchettes bien droites

SAISON
hiver

LIEU
haies et forêts, puis intérieur

Récoltez 41 branchettes lisses de 5 couleurs différentes. Il vous en faut : 1 de cornouiller rouge (20 points), 5 de fusain vert (10 points), 10 de frêne gris à 5 points, 10 de noisetier brun à 5 points, 15 de bouleau noir et blanc à 3 points (vous pouvez bien sûr choisir d'autres essences forestières, dans la mesure où les couleurs des écorces sont bien différentes).

Un joueur laisse tomber le mikado en tas. Il doit enlever les branchettes une à une, sans faire bouger les autres. Sinon, c'est à l'autre joueur. À la fin, on compte les points.

Cardère crécelle

MATÉRIEL
couteau, clou

SAISON
début d'automne

LIEU
terrains vagues et talus

Dès la fin de l'été, les grandes tiges de cardères, ces grands chardons poussant en abondance sur les terrains abandonnés, sèchent et deviennent bien rigides.

Coupez une tige à 3 branches, enlevez soigneusement les épines.

Sur la tige centrale (plus courte que les deux latérales), installez, avec un clou, une petite baguette (un tronçon de tige de cardère) percée en son centre.

Faites tourner le manche de votre instrument entre vos mains, alternativement vers la gauche et vers la droite et... clic-clac, clic-clac, clic-clac !

Cardère hérisson

MATÉRIEL
pâte à modeler

SAISON
début d'automne

LIEU
terrains vagues et talus

Trouvez une belle et grosse « tête » de cardère sèche et un peu de pâte à modeler de la couleur de votre choix.

Façonnez une petite pointe avec un peu de pâte pour la tête et quatre petits « boudins » pour les pattes.

C'est fini, votre hérisson-cardère est prêt.

Vous pouvez lui faire toute une famille, avec des cardères de différentes tailles.

Champignons « fichés »

MATÉRIEL
feuille de papier sombre, laque

SAISON
printemps et automne

LIEU
forêts, près, et intérieur

Mais oui, les champignons aussi ont des « graines », et même des millions ! Ou plutôt des spores, particules minuscules et invisibles… sauf si vous les « piégez ». Récupérez un jeune champignon frais à lamelles.
Coupez sa queue au ras du chapeau et posez-le sur une feuille de couleur sombre, lamelles à plat. Recouvrez-le d'un bol pour le mettre à l'abri des courants d'air, et patientez. Dans quelques heures (ou quelques jours au maximum), les spores se seront déposé sur la feuille, reproduisant le dessin des lamelles. Attention, cette empreinte est très fragile. Pour la conserver, pulvérisez dessus de la laque ou du vernis.

Cresson petit ours

MATÉRIEL
mi-bas, gravier fin, coupelle, raphia, bouchon de liège, perles, graines de cresson (ou de lentille)

SAISON
toute l'année

LIEU
intérieur

Faites pousser un ours ! Récupérez un vieux mi-bas et remplissez-le de gravier très fin. Faites un nœud et posez-le à plat sur une coupelle, pour lui donner une forme de tête. Avec 2 petits nœuds de raphia, confectionnez les oreilles ; une rondelle de bouchon de liège pour le nez, 2 perles pour les yeux, et voilà votre ours ! Étalez-y ensuite des graines de cresson bien humidifiées... Ça pousse très vite, en quelques jours à peine.

Églantier bijou

MATÉRIEL
couteau, fil, aiguille

SAISON
fin d'été et automne

LIEU
haies, et intérieur

Comme l'églantier, ce rosier sauvage, est présent dans toutes les haies, les petits bergers d'autrefois inventaient des jouets avec ses baies.

Incisez un fruit sur les 2/3, et voilà une boucle d'oreille originale.

Plus sophistiqués : les colliers et les pendentifs sont faits avec des cynorrhodons (c'est le nom savant de ces fruits) enfilés sur un fil de nylon solide. Avec d'autres petites baies ou fruits sauvages, comme la noisette ou le gland, vos colliers n'en seront que plus riches !

Églantier poil à gratter

MATÉRIEL
couteau, casserole

SAISON
fin d'été et automne

LIEU
haies, puis intérieur

Une farce et attrape botanique… à utiliser avec modération ! Faites cuire dans l'eau des baies d'églantier pendant 5 minutes. Laissez refroidir, coupez-les en deux et sortez les poils de la pulpe qui entourent les graines. Mettez à sécher… et attendez une innocente victime pour lui en glisser une petite pincée dans le cou. Démangeaisons assurées !

Épicéa-baromètre

MATÉRIEL
rien

SAISON
automne et hiver

LIEU
forêts ou parcs publics

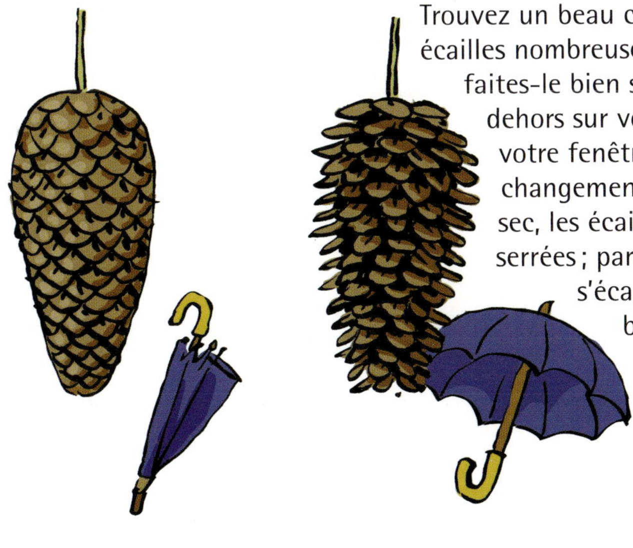

Trouvez un beau cône d'épicéa, aux écailles nombreuses et fines. Nettoyez-le, faites-le bien sécher et suspendez-le dehors sur votre balcon ou devant votre fenêtre. Observez bien les changements… Par temps beau et sec, les écailles du cône sont très serrées ; par temps humide, elles s'écartent au contraire beaucoup. Un vrai baromètre naturel !

Ficaire pour savoir si on aime le beurre...

MATÉRIEL
rien

SAISON
fin d'hiver

LIEU
champs et prés humides

Ça y est, les premières ficaires pointent leur jaune d'or dans les fossés humides. Ces petits boutons d'or possèdent le pouvoir de flairer le goût des gens ! C'est du moins ce que dit la légende...

Pour savoir si vos amis aiment le beurre, présentez la fleur sous leur menton : si un joli reflet jaune illumine leur peau, ils adorent ; si le reflet est pâlot, ils aiment un peu moins...

Galles billes

MATÉRIEL
rien

SAISON
fin d'été et automne

LIEU
haies et forêts

Sur les feuilles de chêne, on peut découvrir des galles, petites boules parfaitement rondes et sèches. Ce sont en fait d'anciennes loges de larves d'insectes parasites des feuilles de cet arbre, maintenant bien dures, les larves ayant éclos cet été. En les fendant en deux, on peut découvrir les anciennes loges de ces parasites.

On peut aussi les garder intactes, et s'en servir pour jouer aux billes, comme les petits écoliers d'autrefois...

Houx musical

MATÉRIEL
couteau

SAISON
toute l'année

LIEU
haies, forêts

Prenez une feuille de houx de belle taille. Avec un couteau (attention les doigts...), grattez doucement le centre de la feuille : vous devez réussir à enlever la pellicule brillante qui protège la feuille, mais sans la percer. Procédez doucement, c'est très délicat...

Portez ensuite la feuille devant votre bouche et soufflant dessus : vous allez ainsi faire vibrer la fine membrane qui reste. Mais oui, ça chatouille !

Maïs en poupée

MATÉRIEL
couteau, ficelle (ou jonc)

SAISON
fin d'été et début d'automne

LIEU
champs

Autrefois, les enfants se fabriquaient eux-mêmes leur poupée... avec un épis de maïs ! Les stigmates étaient tressés pour faire une chevelure abondante. Les grandes bractées étaient repliées vers le bas, taillées pour avoir des bras, et maintenues à la taille par un autre brin de jonc. Un peu de charbon pour dessiner les yeux, et voilà la plus belle des poupées naturelles.

Noix bateau

MATÉRIEL
couteau, allumette, cire, feuille de châtaignier

SAISON
fin d'été et début d'automne

LIEU
champs et intérieur

Trouvez une belle noix, ouvrez-la en deux, videz-la et gardez-en juste une demi-coque (après vous être régalé…). Préparez un mât avec une grande allumette ou une brindille bien droite et fixez-la dans la noix avec de la cire de bougie fondue (ajoutez un peu de cire au fond de la noix pour que votre futur bateau reste bien droit grâce à ce « lest »). Il ne vous reste plus qu'à enfiler une petite feuille de châtaignier sur l'allumette pour avoir une vraie goélette !

Noix sauteuse

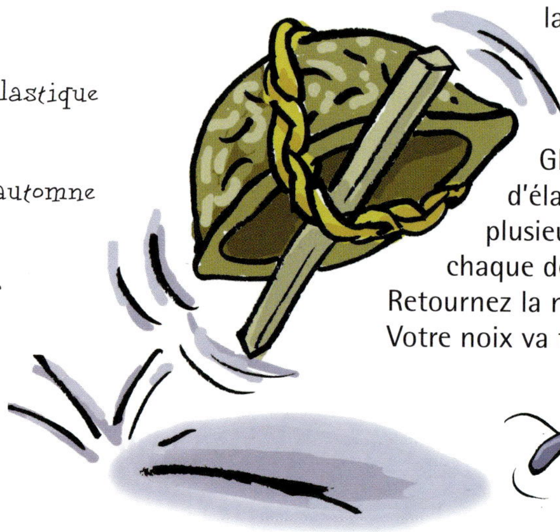

MATÉRIEL
couteau, allumette, élastique

SAISON
fin d'été et début d'automne

LIEU
champs et intérieur

Fendez une noix en deux, sans abîmer la coque. Videz soigneusement une des deux demi-noix. Entourez plusieurs fois la demi-noix avec un élastique. Glissez une allumette entre les tours d'élastique et faites la tourner plusieurs fois en la tirant un peu à chaque demi-tour d'un côté ou de l'autre. Retournez la noix en la maintenant. Lâchez… Votre noix va faire des bonds !

Orange à étincelles

MATÉRIEL
bougie

SAISON
hiver

LIEU
intérieur

La peau épaisse des oranges (mais aussi des citrons, des mandarines...) abrite des petites « poches » d'essences aromatiques, qui concentrent leur parfum. Ces essences portent bien leur nom, car elles sont inflammables. Vous pouvez le vérifier facilement (et sans danger) en pressant une peau d'orange juste devant la flamme d'une bougie : magique, cela produit des petites étincelles !

Patato-imprimerie

MATÉRIEL
couteau, tampon encreur, feuilles de papier

SAISON
toute l'année

LIEU
intérieur

Sur la tranche d'une pomme de terre coupée en deux, sculptez en relief un motif de votre choix : une poule, une coccinelle, une fleur, vos initiales... Appliquez ce motif sur un tampon imbibé d'encre et posez-le sur une feuille de papier. Ça marche !

Vous pouvez reproduire ce motif à l'identique autant de fois que vous le voulez et ainsi personnaliser vos lettres, marquer vos livres, décorer une nappe de papier...

Pissenlit bracelet

MATÉRIEL
rien

SAISON
fin d'hiver et printemps

LIEU
prairies

Avec tout cet or qui nous entoure dans les prés couverts de pissenlits, comment ne pas avoir envie de bijoux ? D'autant qu'il n'y a qu'à se baisser pour faire bracelets et colliers ! Formez un anneau avec une première tige en enfilant le petit bout dans le gros. Faites de même avec d'autres tiges, en prenant soin de les enlacer dans l'anneau précédent. Grâce au pissenlit, vous êtes devenu bijoutier de la nature...

Pissenlit divinatoire

MATÉRIEL
rien

SAISON
printemps

LIEU
prairies

En soufflant sur les fruits d'un pissenlit, vous pouvez savoir une foule de choses. C'est du moins ce que racontent de nombreuses légendes... Par exemple, si vous arrivez à tous les souffler d'un coup, l'année sera bonne pour vous. Ou encore : si un jour, vous êtes perdu, suivez la direction prise par le fruit qui va le plus loin, vous retrouverez votre chemin ! Amusant, mais pas forcément fiable...

Pissenlit pipo

MATÉRIEL
couteau

SAISON
fin d'hiver et printemps

LIEU
prairies

Coupez une belle tige de pissenlit. Entre vos doigts, pincez l'extrémité proche de la fleur de façon à l'amincir. Le long de la tige, marquez avec vos ongles 2 ou 3 trous pour autant de notes. Prenez le pipo bien en bouche (la partie écrasée doit être libre dans la bouche) et soufflez fort. Vous trouvez la tige de pissenlit un peu amère ? C'est normal et sans danger… et même très bon pour le foie !

Plantain lance roquette

MATÉRIEL
rien

SAISON
printemps et été

LIEU
prairies et pelouse

Coupez une longue tige de plantain lancéolé (celui que l'on trouve le plus communément) avec une grappe compacte de fleurs. Entortillez la tige autour de cette grappe, de façon à former un nœud coulant dans lequel glisse librement la tige en boucle. Tenez le nœud coulant dans une main, passez l'index de l'autre main dans la boucle et tirez un coup sec… Bing, la tête de plantain est expulsée à plusieurs mètres en autant de munitions que de fleurs !

Prunes pour jouer

MATÉRIEL
peinture

SAISON
fin d'été et automne

LIEU
intérieur

Prenez 8 noyaux de prunes et peignez en vert une de leur face : ce sont les dés. Prenez aussi 40 graines de haricots secs : ce sont les pions.

Jetez les noyaux sur la table : 6 faces vertes apparaissent ? Vous avez 6 points, et donc 6 haricots. 4 verts ? 4 points, 4 haricots… Et ainsi de suite jusqu'à ce qu'il n'y ait plus de pioche. Chacun compte alors ses points et c'est celui qui a le plus de haricots qui l'emporte.

Index des grands thèmes abordés